# Los ojos de Gaza

# Los ojos de Gaza

## Un diario de resiliencia

**Plestia Alaqad**

*Traducción de María Serrano*

Papel certificado por el Forest Stewardship Council®

Título original: *The Eyes of Gaza*

Primera edición: septiembre de 2025



*Printed in Spain* – Impreso en España

ISBN: 979-13-87600-32-7
Depósito legal: B-12.135-2025

Compuesto en Comptex & Ass., S.L.
Impreso en Liberdúplex
Sant Llorenç d'Hortons (Barcelona)

C 6 0 0 3 2 7

# Índice

*A mi sedo, con cuyo té de menta me crie: nunca pensé que llegaría a revivir en carne propia tus historias de la Nakba*

*A mamá, que me regaló mi diario morado, el primero que tuve, y me ha guiado en mi camino. A mi familia, que nunca se cansa de leer mis palabras y de escuchar mi voz; ahora están en un libro*

*Y a Gaza, el alma de nuestras almas. Todo lo que soy y todo lo que seré. Esta obra es para ti y por ti*

*Only in Gaza;*
*You sleep counting rockets rather than stars.*
*You wake up, if you wake up, to the sounds of bombs rather than birds.*

*Only in Gaza;*
*You sleep not knowing if, or how, you'll wake up.*

*In Gaza,*
*You sleep in your house,*
*And you wake up under the rubble.*

*In Gaza,*
*You sleep with your body parts whole,*
*And you wake up missing a hand or a leg.*

*In Gaza,*
*You sleep beside family and friends,*
*And the next day you are on your own.*

*Only in Gaza;*
*People celebrate birthdays while war echoes in the background, then welcome you into a tent with warm hands and a cup of tea.*

*Only in Gaza;*
*Despite the pain,*
*People remain.*
*Not just survivors,*
*But warriors.**

* Solo en Gaza; / Te duermes contando cohetes en lugar de estrellas. / Te despiertas —si te despiertas— con el sonido de las bombas y no el de los pájaros. // Solo en Gaza; / Te duermes sin saber si despertarás, ni cómo. // En Gaza, / Te duermes en tu casa, / Y despiertas bajo los escombros. // En Gaza, / Te duermes con el cuerpo entero, / Y despiertas sin una mano o sin una pierna. // En Gaza, / Te duermes junto a tu familia / Y amistades, y al día siguiente estás sola. // Solo en Gaza; / Se celebran cumpleaños mientras de fondo resuena la guerra, y te reciben en una tienda de campaña con manos cálidas y una taza de té. // Solo en Gaza; / A pesar del dolor, / La gente resiste. / No solo supervivientes, / Sino guerreros.

Cuando empecé a escribir mi primer diario tenía solo doce años.

Era un cuaderno morado de rayas que me regaló mi madre, y tengo el recuerdo de lo emocionada que estaba mientras escribía mi primera página, allá por el 9 de septiembre de 2013.

Cuando deslizo el bolígrafo sobre una hoja de papel siempre he tenido la sensación de que es como estar con alguien que sabe escuchar y de que la escritura es como una terapia. En aquella época, las entradas de mi diario solían comentar cosas del colegio: tonterías como que una compañera no había querido jugar conmigo en el recreo o que por mucho que estudiara no llegaba a sacar las notas que quería. Aquellas entradas estaban repletas de observaciones sobre mis compañeras, reflexiones sobre mis profesoras y, claro, sobre los chicos que me gustaban. (Por si quieres saberlo, a la Plestia de doce años le encantaba One Direction y mi favorito de la banda era Zayn Malik. Hasta tal punto que posteaba fotos suyas en Facebook para desearle feliz cumpleaños o para felicitarle por el lanzamiento de una nueva canción... Ya... *Cringe*). Me acuerdo de que me enamoré de mi vecino, que era más pequeño que yo, y desbordé el diario de fantasías. Aunque sin duda entonces no era consciente de ello, ya escribía para entenderme mejor y para recordar los momentos que me habían hecho feliz. Me encantaría poder leer ahora aquellos diarios y dejarme ir en la sencilla inocencia de aquellas cosas.

Este primer diario coincidió con un año que, para mí, fue difícil. Llevaba desde preescolar en la American International School in Gaza (AISG), con los mismos compañeros todos los años, conocía a todos los profesores. Todo fue bien hasta sexto de primaria, cuando estalló lo que puede llamarse una crisis de amistad. Yo solía sacar buenas notas, y algunos de mis compañeros empezaron a hacerme *bullying* por ello. El hecho de que mi madre fuera la jefa de estudios de secundaria tampoco ayudaba a mejorar las cosas. Empezaron a acusarme de que si sacaba buenas notas era solo gracias a ella, lo que me ponía muy triste.

En retrospectiva, sin embargo, creo que es posible que sufrir acoso sea lo mejor que me ha pasado en la vida, porque la experiencia ha desempeñado un papel crucial en el desarrollo de la persona que soy hoy. Me dio la oportunidad de pasar más tiempo a solas y de entablar una mejor relación conmigo misma. Aprendí a aceptar que no es posible caerle bien a todo el mundo y que tampoco pasa nada por ello. Siendo realista, a mí tampoco me cae bien todo el mundo, ni le voy a gustar a todo el mundo. Es su problema, no el mío. O quizá ni siquiera sea un problema en absoluto.

Por mucho que pueda agradecer las lecciones que aprendí ya de pequeña, lo cierto es que no habría sobrevivido a la experiencia sin el sólido sistema de apoyo de la escuela. Rawan al-Sorani era una de mis profesoras favoritas. Además de profesora era periodista y gozaba de un cierto poder e influencia en nuestra comunidad, y ella lo sabía. Yo solía pedirle orientación sobre lo que debía estudiar, y sus respuestas no hacían otra cosa que alimentar mi admiración. Ella es la razón por la que, a los doce años, decidí que de mayor quería estudiar periodismo. Cuando se lo dije, me mostró muchísimo apoyo y empezó a recomendarme libros, con lo que despertó mi interés por la lectura y me abrió el camino hacia la escritura. Si hoy lo pienso parece una locura: una decisión que tomé a los doce años determinó mi vida y es la razón por la que este libro existe.

Desde esa época, mi diario y yo hemos sido siempre prácticamente inseparables. A lo largo de la secundaria, el instituto, la universidad y después de graduarme.

Lo que no me esperaba a los doce años, cuando recibí aquel primer diario morado, era que las entradas del futuro no versaran sobre meras anécdotas triviales, sino que fueran a llenarse con la memoria de una vida bajo la ocupación israelí, los incesantes bombardeos y un casi perpetuo estado de temor a la muerte, la mía o la de mis seres queridos.

Resulta a la vez increíble y algo totalmente predecible que, según me iba haciendo mayor, me negara a cambiar de idea sobre mi sueño. Había una parte de mí que fantaseaba con estudiar arte dramático —para poder ser abiertamente una *drama queen* (LOL)—, pero otra voz interior, más audible y más responsable, me instaba a ser práctica y estudiar una carrera que tuviera salida laboral en la Franja de Gaza. Una salida que, además, me permitiría contarle al mundo cosas sobre el lugar donde vivía. Así que me matriculé en la universidad para estudiar periodismo y *new media*.

En los programas de la televisión occidental veo a veces cómo aflora esa especie de virtud moral propia de la gente privilegiada que tiene la seguridad garantizada, que anima a sus hijos a que se permitan soñar con aquello que quieran ser. Pero no es así como se vive —trabaja, sobrevive— en la mayor parte del mundo. Al menos, en Gaza no es así. Para mí, hacerme periodista era más una misión que una carrera.

Pienso muy a menudo en todos los niños que han matado las Fuerzas de Ocupación Israelíes (FOI) y en todo lo que podrían haber llegado a ser. Poetas excepcionales y autores de gran éxito que no tuvieron ni la más mínima oportunidad de vivir. Me entristece pensar en todas las obras de arte y la cultura que hemos perdido, que nunca verán la luz. Los libros que no llegaremos a leer, los cuadros que no llegaremos a contemplar.

Pienso en Naji al-Ali, un dibujante palestino de cómic político. Es sobre todo conocido por haber creado a Handala, un niño que siempre tendrá diez años y no seguirá creciendo hasta que se le permita regresar a su tierra. Naji creó este personaje como una proyección de sí mismo: él también tenía diez años cuando su familia fue desplazada durante la Nakba, la limpieza étnica y desplazamiento forzoso de cientos de miles de palestinos que se produjo en 1948. Handala se convirtió inmediatamente en un icónico símbolo para el pueblo palestino. Me parece increíble que, en 2024, las personas palestinas sigamos identificándonos —y más que nunca— con Handala, que fue dibujado en 1969. A veces me pregunto cómo de distinta habría sido la obra de Naji al-Ali si Palestina fuera libre. O cómo sería ahora. No lo sabremos nunca; fue asesinado en Londres en 1987, antes de que yo naciera.

En cuanto a mí, mi camino desde aquella joven idealista que soñaba con compartir con el mundo la belleza de su tierra a periodista curtida cuya labor está centrada en documentar las muertes y crueles atrocidades perpetradas por el ejército israelí se inició en 2019, en un café de las calles de Gaza. Allí estaba sentada con mis amistades, sintiendo el calor del sol en la piel y hablando sobre un futuro que nuestra ingenuidad nos impedía entender que, en tanto que gazatíes, escapaba bastante de nuestro control.

Hacía calor. Recuerdo que llevaba una camisa rosa con unos pantalones negros y un peinado informal, medio recogido, medio suelto. El café se llamaba Gloria, estaba en pleno corazón de la ciudad de Gaza y tenía unas maravillosas vistas al mar. Habíamos terminado el instituto hacía pocas semanas y estábamos hablando de dónde nos gustaría estudiar. Algunos querían quedarse en Gaza, pero también había quienes estaban pensando marcharse al extranjero, a Turquía, a Francia o incluso al Reino Unido.

De pronto, todas las miradas se volvieron hacia mí: me tocaba contar mi (inexistente) plan. Dije que me habían aceptado en algunas universidades de varios países, pero que ninguna me parecía que encajara del todo con lo que quería. Entonces, un chico de mi clase me sugirió la opción de Chipre, donde él pensaba estudiar, y otros dos se sumaron inmediatamente a la sugerencia, diciendo que iban a pedir plaza allí también. Y luego otra persona más de mi clase dijo lo mismo. Y, claro está, tal como hacen los adolescentes cuando se arrebatan con un entusiasmo irreprimible, tomamos una decisión colectiva y esa misma noche pedimos plaza en una universidad del norte de Chipre. No tardamos mucho en recibir nuestras cartas de aceptación.

Cuando, emocionadísima, le dije a mi madre que me iba a estudiar a Chipre, su expresión fue graciosísima: mitad incrédula, mitad divertida. No me tomó en serio. «Se trata de tu futuro —me dijo— no es un viaje con el grupo de amistades». Siendo justa, tenía razón. Durante el último año de secundaria me había dedicado a pedir plaza en las mejores universidades, a buscar becas y preparar los exámenes del SAT e IELTS. Y, de pronto, volvía a casa después de una tarde cualquiera con la gente de mi clase y, sin darle dos vueltas, pedía plaza en una universidad en Chipre.

En retrospectiva, creo que fue precisamente la espontaneidad de la decisión lo que hizo que fuera acertada, porque, claro, al final convencí a mi madre de que iba en serio, y el grupito de cinco amigos nos fuimos a Chipre. Por increíble que pareciera, conseguimos los visados, emprendimos el viaje y hasta encontramos en Chipre un café llamado Gloria: nuestro segundo hogar.

Generalmente queremos pensar que podemos tener nuestra vida bajo control. Nos dotamos de rutinas razonables, tomamos decisiones responsables, contratamos planes de pensiones y renunciamos a nuestra individualidad a cambio de una vida más pacífica y, supuestamente, invulnerable. Pero viviendo en Gaza —en realidad, en cualquier zona ocupada— aprendes muy rápido que es imposible construirse una vida realmente blindada. Porque en cualquier momento puede llegar alguien y tirarte una bomba. Así que, aunque no estés todo el rato pensando así las cosas conscientemente, lo que sí haces a veces es simplemente elegir cualquier opción y aceptarla; más por el hecho de que hay que tomar una decisión que porque hayas reflexionado profundamente sobre ello. La vida tiene que seguir.

Quizá este relato suene un poco a jueguecito, como si, cuando vives en Gaza, lo más fácil del mundo fuera decidir un día cualquiera que te vas de viaje al extranjero. Nada más lejos de la realidad. Antes de que te concedan un permiso hay que pasar miles de controles. Si quieres salir por el paso de Erez, necesitas el permiso de Israel; por Rafah, el de Egipto. Y, en ambos casos, tienes que obtener también el permiso de Hamás.

De todos modos, lo más difícil es no saber cuándo —o si— vas a poder volver. Las fronteras pueden cerrarse en cualquier momento, y esto hace que, para una estudiante, volver a casa a mitad de la carrera sea un riesgo, pues podrías quedarte bloqueada y no poder terminarla. Así que, en cuanto salí de Gaza, supe que aquel era un punto de inflexión.

Iba a pasar algún tiempo hasta que la volviera a ver.

Hasta ese momento, mi vida parecía haber fluido de forma bastante orgánica, pasando de una etapa a otra tras haberlas completado con éxito. Pero tres años después de haberme marchado de Gaza, a punto de graduarme, empecé a preguntarme: ¿y ahora qué? ¿Sería mejor huir de la realidad y retrasar mi vida adulta un poco más haciendo un máster? ¿O debería ponerme a buscar trabajo y empezar mi carrera profesional? ¿Sería mejor quedarse en Chipre? ¿O debería volver a casa?

Estudiar en el extranjero me había hecho ver lo poco que en el mundo exterior se sabe sobre nuestra relativamente pequeña parte de Palestina. Lo que sí sabía es que quería enseñarle al mundo la belleza de Gaza, un lugar tremendamente desconocido y a menudo ignorado, o desdeñado como poco más que una «zona de conflicto». Creo que, en el fondo, siempre supe que este era el camino correcto. Así que decidí ir en pos de lo que siempre había soñado, volver a casa y darle un uso práctico a mi titulación en periodismo y *new media*. Metí los tres años de mi vida en Chipre en cajas y emprendí camino, decidida a enseñarle Gaza al mundo a través de mis ojos.

Imposible imaginar entonces la versión de Gaza que iba a acabar siendo.

Volví a casa, y mi primer empleo fue como editora de una agencia de noticias local. Creo que estuve allí menos de tres semanas, lo que tardé en darme cuenta de que aquello no era lo que quería hacer cada día. ¿Ocho horas sentada en una oficina, trabajando tras de una pantalla? No es lo mío.

Después me inscribí en un programa de capacitación de tres meses en Press House-Palestine, una organización independiente sin ánimo de lucro de medios de comunicación que defiende la libertad de expresión y opinión, y brinda protección legal a periodistas en la Franja de Gaza. Pero el programa seguía sin ser del todo lo que quería. Lo mismo: no soportaba estar todo el día allí sentada en un escritorio, editando las noticias desde bastidores. Lo intenté durante tres meses, pero tenía claro que no era lo que quería hacer. Dentro de mí había algo más, y sentía que el trabajo estaba matando poco a poco cualquier talento que pudiera poseer. Así que, al final, abordé al director de Press House, Belal Jadallah, con una idea.

A Belal Jadallah se le conocía como el padrino del periodismo en la Franja de Gaza. Había sido director de medios y relaciones internacionales de la Autoridad Nacional Palestina cuando estaba a principios de la veintena, y después director del Centro Palestino Independiente de Servicios de Medios entre 2006 y 2013. Su experiencia en el campo era verdaderamente excepcional y tenía reputación de que, cuando veía a alguien con potencial, lo acogía bajo su protección. Cuando comencé en Press House, no tardé en darme cuenta de que lo que la gente decía sobre él era cierto.

Belal era un tipo increíble, muy abierto y cercano. Cuando le sugerí que Press House debía tener un equipo de redes sociales, me escuchó. Le conté todas las ideas que tenía en mente e, inmediatamente, se mostró entusiasmado. A partir de entonces, un colega —Hatem Rawagh— y yo nos hicimos cargo de la iniciativa. Nuestro trabajo dio unos resultados excepcionales; el *engagement* se disparó, el número de seguidores aumentó exponencialmente y bastantes de nuestros *reels* de Instagram alcanzaron el millón de visionados. Estaba disfrutando mucho y a la vez teniendo la sensación de que por fin estaba haciendo algo importante. Y esa sensación se hizo más intensa poco después, cuando me hice cargo del English Media Club, un programa en el que impartía talleres para distintos grupos de Press House. Algunas de las personas que asistían a ellos eran mucho mayores que yo, pero se interesaban, les gustaban mis métodos de enseñanza y seguían viniendo al taller los cinco meses completos.

En mi tiempo libre acompañaba a mi antigua profesora, Rawan al-Sorani, cuando filmaba y entrevistaba a gente en el estudio o por la calle. Ya no era su alumna, así que pudo abrirse y confesarme algunos secretos. Un día, me contó que nunca le había gustado especialmente la docencia y que su sueño era trabajar como periodista y reportera sobre el terreno a tiempo completo. Lo que hacía difícil esto, me dijo, era que a los medios internacionales solo les interesan las noticias sobre Gaza cuando se produce una Agresión israelí. Parecería que los ojos y oídos del mundo no están interesados en la vida palestina, solo en su muerte.

Este hecho me frustraba. Me enfurecía, incluso. ¿Por qué el mundo debía saber de nosotros solo cuando hay bombardeos?

Yo quería (y así sigue siendo) que el mundo conociera nuestras vidas, no solo nuestras muertes. Odio que, cuando buscas «Gaza» en Google, lo único que encuentres sean imágenes de destrucción; creo que fue eso, en última instancia, lo que me hizo dejar Press House. No es que no me gustara el trabajo, sino que sabía que yo podía hacer más cosas, quería mostrarle al mundo mi hogar tal como yo lo conocía y, para hacerlo, necesitaba tener más experiencias vitales, experiencias vitales diversas. Así que, solo unos meses después, empecé a trabajar en Recursos Humanos en una agencia llamada StepUp, solo por probar un nuevo reto.

Resultó que entrevistar a la gente era lo mío. Me encantaba. Finalmente, nueve meses después de graduarme, empecé a tener la sensación de que estaba entendiendo por dónde tenía que ir mi vida. Empecé a recuperar mi vida social y casi todos los días daba clases particulares a una alumna de quinto de primaria llamada Leen. Lo hice durante meses y jamás tuve la sensación de que fuera un trabajo; era más bien como estar con una hermana pequeña.

Durante esa época, un día normal de mi vida consistía en levantarme temprano (cosa que odio; no soy una persona madrugadora), ir al trabajo y, después, ir a ver a mi madre en su colegio. Luego le daba clases particulares a Leen, que era algo realmente muy divertido; me contaba historias que eran más útiles que las cosas que estudiábamos. Después de todo eso, llegaba a casa, comía y me daba una ducha, y a veces echaba una siesta o iba al Café Q con mis amistades. Por las noches, me quedaba en casa tomando té con mi madre viendo la tele.

Los fines de semana empezaban los jueves por la noche, con Dana, en un restaurante llamado Roots. Desde que volví de Chipre, se había convertido en una especie de tradición, y solo llegar hasta nuestra mesa suponía media hora de ir saludando a todos nuestros conocidos. Los viernes eran unos maravillosos días familiares, los pasábamos desayunando o comiendo juntos y, a veces, saliendo por la noche. Los sábados me traían mi momento cómico de la semana: partido de tenis con mi amiga Yara y mi hermana Judy. Nuestras habilidades eran tan hilarantes que a veces el profesor de tenis nos cancelaba las clases, convencido de que no teníamos solución; pero, para nosotras, la diversión estaba en la camaradería y las risas, no en dominar el juego como unas maestras. No hace falta ser una experta en algo para disfrutarlo, siempre y cuando estés con la gente adecuada.

Me gusta mucho más la versión de mí misma que soy en Gaza que la que era en Chipre. En casa, siento que tengo un propósito, un sentido de comunidad. Fuera de Gaza, me siento como una persona cualquiera que lleva una vida anodina. En casa, me siento viva. En ese momento solo me faltaba una cosa: no había cumplido mi deseo de mostrarle Gaza al mundo a través de mi mirada. Pero también pensaba: Gaza no va a desaparecer. Creía que tenía todo el tiempo del mundo. No tenía ni idea.

En esa época era tan solo una ambiciosa recién graduada, llevando una vida de lo más normal en su país, aunque siempre bajo la amenaza de un asedio constante.

Esto es, hasta el 7 de octubre de 2023.

# 7 de octubre de 2023

## Sábado 7 de octubre (día 1)

Me despierto y, aún medio dormida, veo que tengo el teléfono lleno de mensajes.

Amistades, grupos, el chat del trabajo... Doy un vistazo por encima a los mensajes, sin prestar demasiada atención, con los ojos aún nublados de sueño. No veo nada que me resulte llamativo. Hay comentarios sobre un bombardeo, pero en la Franja de Gaza no es que eso sea algo fuera de lo común. Así que, con poca energía o motivación para quedarme despierta, me vuelvo a dormir.

Cuando me despierto de nuevo, más tarde, mi teléfono sigue incendiado de notificaciones. Esta vez, miro en internet:

«Actualización escalada Israel-Palestina: Gaza bajo bombardeo», Al Jazeera.

«Los civiles de Gaza huyen de los bombardeos israelíes: "La gente tiene miedo de lo que esté por venir"» *The Guardian*.

«Los rescatistas hallan más de 250 cadáveres en el festival israelí Supernova», BBC News.

Combatientes palestinos han lanzado un ataque contra Israel cerca de la Franja de Gaza que ha dejado más de mil muertos y doscientos rehenes. Palestina lleva casi setenta y cinco años ocupada por Israel. Cada mes, desde hace novecientos meses, los palestinos han sido atacados, asesinados y tomados como rehenes por las FOI. Esta es la primera vez que ocurre lo contrario. Estoy en *shock*, no sé qué sentir. Estoy aturdida. La historia no ha empezado hoy.

Salgo de mi cuarto y voy a hablar con mi madre, pero la encuentro al teléfono, dictándole una interminable lista de la compra a un repartidor. En este momento me hago cargo de la gravedad de la situación. He vivido cuatro agresiones israelíes, así que ya conozco los pasos que se siguen en una situación de emergencia. Uno: empiezas a abastecer tu casa con pan, harina y muchos víveres. Dos: entornas las ventanas, solo un poco, para que no estallen por la presión de las bombas y los ataques aéreos. Tres: preparas una bolsita con los pasaportes y todos los documentos importantes y la dejas cerca de la puerta para que, si tienes que evacuar, puedas tirar de ella y salir corriendo. Cuatro: trasladas los colchones a una zona de la casa que no tenga ventanas y duermes allí.

Serán sobre las once de la mañana y desde la ventana miro el mercado de al-Rayaheen, al otro lado de la calle. Es un clásico del barrio, donde va todo el mundo a comprar. Es de esos sitios donde siempre puedes comprar a crédito porque el tendero te conoce de toda la vida. Ahora lo que veo es gente entrando y saliendo a toda prisa con las bolsas repletas de cosas, sin pararse a conversar. Me doy cuenta de que en todas las casas se ha activado el modo de emergencia. Me suena el teléfono; es un colega del trabajo preguntando si le puede dar mi número a un periodista, Mohamed Abu Safieh. Le digo que sí. Mohamed me llama algo más tarde y me pide que le envíe un vídeo de un minuto, en inglés, contando lo que está sucediendo. Me dice que es una oportunidad para trabajar con un canal de televisión británico.

Acepto y enseguida me siento a escribir una pequeña nota. Le pido a mi hermana Judy que me grabe en el balcón de casa de mi *teta* (mi abuela), que vive justo al lado. Empezamos a grabar y, de fondo, se oye a mi abuela gritando: «¡Entrad en casa, es peligroso estar ahí fuera!», pero la ignoramos (perdón, *teta*) y seguimos con el vídeo. Se lo envío a Mohamed, y me dice que los del canal de noticias quieren que salga en un directo de cinco minutos al día siguiente por la mañana. Le digo que sí sin pensarlo dos veces; estoy emocionada por tener la oportunidad de que se oiga mi voz como palestina. No es habitual que dispongamos de una plataforma para hablar sobre nuestro propio hogar; normalmente son otros quienes hablan por nosotros.

Escribo a Dana, mi vecina y amiga de toda la vida, para que se venga a casa y contarle la noticia. Mi madre hace té para todas (su forma de mostrar amor, creo). Y nos sentamos en la sala a ver las noticias en la tele y comentar nuestras sensaciones y pronósticos.

Mamá nos cuenta que le ha despertado el ruido de las bombas, pero ha creído que estaba lloviendo. Así que se ha levantado, ha metido la ropa dentro de casa y se ha vuelto a dormir. La historia me parece hilarante. Escribo inmediatamente a mis amistades contándoles que mi madre ha creído que estaba lloviendo y muchas de las respuestas dicen: «Sí, por aquí igual», cosa que me sorprende y a la vez no. ¿Cuánto trauma hace falta para que llegues a confundir las bombas con la lluvia? ¿Y cuánto trauma hace falta para que llegue a parecerte gracioso?

Comentando las noticias de hoy —actividad que se está produciendo por igual en casi todas las casas a nuestro alrededor—, mamá nos dice que teme que la historia se esté repitiendo. En 1948, durante la primera guerra árabe-israelí, los palestinos tuvieron que dejar sus hogares y toda su vida atrás. Se llevaron con ellos solo un resquicio de la esperanza de poder volver algún día. Mis abuelos lo vivieron y, desde que era pequeña, me han contado historias sobre la Nakba (la limpieza étnica y el desplazamiento forzoso de palestinos).

Cuando les cuente esas mismas historias a mis nietos, espero que sea en una Palestina libre. La conversación sobre la Nakba me trae a la memoria la anterior Agresión a Gaza, hace unos años.

En 2021, era una universitaria que estudiaba en el norte de Chipre y llevaba dieciocho meses sin ver a mi familia ni mi tierra natal. Aprovechando que el mundo estaba confinado y mis clases se impartían online, decidí volver a casa, a Gaza, libre de la preocupación de perderme el semestre en caso de que cerraran las fronteras de Rafah o Erez.

Recuerdo bien el viaje de una hora desde el paso de Rafah hasta mi casa. Estuve mirando por la ventana, contemplando mi Gaza, todo el tiempo. En la oscuridad de un apagón total, entrecerrando los ojos llegué a distinguir los nombres de los nuevos restaurantes y cafés que habían conseguido abrir. Me acuerdo de que no hacía más que pensar en todo lo que deseaba hacer al día siguiente. Tenía amigos a los que quería ver y nuevos sitios a los que ir. La lista de actividades que había planeado era abrumadora.

Cuando desperté, al día siguiente, se había producido una Agresión en la Franja de Gaza. Los israelíes habían lanzado un ataque en respuesta a las protestas pacíficas de los palestinos en Jerusalén Este. ¿Mi reacción? Me alegré de estar con Gaza y de que Gaza no estuviera sola. La sensación de amparo por estar junto a familiares y amigos durante unos momentos tan difíciles se imponía al miedo y la incertidumbre que pesaban en el ambiente. De alguna forma peculiar, estar presente durante la Agresión, vivirla en primera persona, la hacía más soportable que sufrirla a distancia. ¿Quién preferiría quedarse en una zona peligrosa, sembrada de violencia, dolor y agresiones, en vez de quedarse a salvo en Famagusta, lejos del peligro? Os diré quién: una palestina que desea permanecer en su tierra natal. Lo que tememos de verdad no son las agresiones israelíes, sino vernos forzados algún día a abandonar nuestros hogares. En mi caso, yo siempre he temido perder a mi familia mientras me encuentro lejos de ella; si vamos a morir, mejor morir juntos.

Este es el relato que cuentan mis publicaciones de Facebook de aquella época:

> En vez de estar celebrando los últimos días del mes santo entre reuniones familiares, preparativos para el Eid y oraciones, nos encontramos sufriendo un ataque descomunal. Hay edificios en los que viven más de cincuenta familias que están siendo bombardeados, ¿y para qué? Todo el mundo le dice a todo el mundo que se cuide, que se mantenga a salvo, pero ¿eso cómo se hace? Tanto mi familia como mis amistades que están fuera de Gaza me escriben para saber cómo estoy, me preguntan si vivo en una zona segura o si llego a escuchar el sonido en mi entorno. Me gustaría explicaros que no hay ningún lugar seguro, el sonido nunca está lejos, las bombas caen literalmente por todas partes. La casa tiembla constantemente y me deja temblando. Sé la desespera-

> ción y la impotencia que podéis estar sintiendo en momentos como este, pero sabed que, al menos, contar lo que está pasando e intentar educar a la gente que os rodea (crear conciencia) tiene en sí mismo un enorme poder. Rezad por nosotros.

Un par de horas después publiqué una foto de la llave palestina del retorno. Es un símbolo del derecho de los refugiados palestinos a regresar a sus hogares, pues muchos palestinos conservaron sus llaves cuando se vieron obligados a exiliarse en 1948. Junto a ella, posteé también una foto de la llave de la casa de una amiga, bombardeada por las Fuerzas de Ocupación de Israel, y escribí:

> En 1948, los palestinos dejaron sus casas, sus recuerdos y su vida entera tras de sí, pensando que en cuestión de pocos días podrían volver. Ahora, en 2021, se repite el mismo escenario. La única diferencia es que hoy tenemos cámaras y redes sociales para contar y compartir lo que está pasando. La segunda foto es la llave de la casa de una amiga, que ya no existe. Todos los palestinos tenemos llaves de casas que no existen ya. ¡Pero la esperanza de regresar a nuestra patria, Palestina, de recuperar toda nuestra tierra, no se desvanece!

Y unos días después:

> Anoche fue una de las peores noches de mi vida. Edificios y casas, con gente dentro, fueron derribados, y las calles que van hacia los hospitales, bombardeadas. Los israelíes no tienen objetivos ni metas; están bombardeando literalmente al azar, por todas partes. Y no, la cosa no va a mejor, el paso de los aviones y el ruido de las bombas se han convertido en la banda sonora de nuestras vidas. Sufrimos ansiedad y estrés, y no hacemos otra

cosa que esperar, esperar, esperar. ¿A qué? ¿A que nos toque? En momentos así, salir de esta con vida es pura fantasía.

No podía ni imaginarme lo que estaba por venir.

¿Sabéis algo que siempre me inspira? El espíritu palestino. El hecho de que, tras cada pérdida, nos volvemos más fuertes, nos empeñamos aún más en vivir y amar la vida. En 2021, pensé que estaba viviendo los peores días de mi vida. Las FOI bombardeaban edificios y casas, y hasta las calles, lo que impedía que los paramédicos pudieran acceder para dar asistencia a los heridos. Pero una vez terminada la Agresión surgió una iniciativa comunitaria para limpiar las calles de Gaza. Inmediatamente tomé una escoba y me uní a ella. Solo unas semanas después las calles de Gaza estaban llenas de palestinos que luchaban por vivir a pesar de la dura realidad que nos rodeaba.

Como dijo Mahmoud Darwish, quizá el poeta palestino más famoso de la historia: «Nosotros amamos la vida cuando hallamos un camino hacia ella».*

Me acuerdo de una vez que fui con mis amistades al café restaurante Bellini, en el Mall Capital.** Estábamos instalados en nuestra mesa favorita, junto a la ventana. A mi izquierda, mis amigos degustaban unos platos deliciosos; de fondo, ruido de

* Del poemario *Menos Rosas*, trad. de María Luisa Prieto, Hiperión, Madrid, 2020. Reproducido en poesiaarabe.com, <http://www.poesiaarabe.com/amamos_la_vida.htm>. *(N. de la T.)*

** Bellini es un lugar importante en mi vida. Mi camarero favorito, Ali, trabajó allí durante muchos años y todos sus clientes lo adoraban.

música y voces. Bellini estaba lleno de palestinos decididos a vivir. A mi derecha, por la ventana se veía un edificio demolido que en su día había albergado acogedores apartamentos y algunas tiendas. ¿Y sabéis lo que había frente a ese edificio demolido? Comerciantes que habían perdido sus tiendas, vendiendo aquello que habían podido rescatar de entre los escombros.

Puede que concibáis Gaza como un lugar desesperado. Y sí, en Gaza están muy presentes la muerte y la destrucción, y no es justo y sabemos que allá fuera hay un mundo mejor. Pero lo que yo veo cuando la miro no es eso. Lo que veo es la unidad y resiliencia de su pueblo. Muchas personas han sido desplazadas, otras muchas han perdido la vida, pero mantenemos la determinación de seguir adelante y nos negamos a dejar que las pérdidas que hemos sufrido dicten nuestro futuro.

En Gaza encontraréis madres de mártires celebrando el sacrificio de sus hijos. ¿Acaso eso significa que se alegran de que Israel haya matado a sus hijos? No. Pero ¿les enorgullece que sus hijos dieran la vida por Palestina? Sí. Es un acto que sirve para dar sentido a la peor de las pérdidas que puede sufrir una persona. No celebramos la muerte, pero la muerte nos rodea por todas partes y necesitamos una manera de transformarla en vida. Esas madres no han elegido esta situación. Sus hijos no son soldados que hayan elegido morir. Son niños. Por tanto, cuando un niño es asesinado por la ocupación, a veces la única manera de dar sentido a esa pérdida es como parte del precio de la libertad palestina y de la liberación con respecto de la entidad que, en primer lugar, está causando todas estas muertes.

Mi familia sigue conversando ansiosamente, pero al final la charla se va apagando y no hay otra cosa que hacer más que dormir.

Para acabar el día, seguimos los pasos uno, dos y tres de la preparación para una emergencia, pero no el cuatro. Nos da pereza llevar los colchones hasta el salón para dormir allí, así que cada una duerme en su habitación, aunque nos aseguramos de dejar las ventanas abiertas.

# Los cuarenta y cinco días

## Domingo 8 de octubre (día 2)

*With tears in my eyes,*
*I tell the teacher,*
*«Israhell stole my pencil case».*

*The teacher asks Israhell,*
*«Did you steal her pencil case?».*

*Israhell nods confidently,*
*«She agreed to give me a pencil.*
*So why not take the pencil case too?».*

*The teacher stares at me,*
*And says nothing,*
*And turns her back to the board.*

*I, angrily, hit Israhell.*
*The teacher stares at me again,*
*Then proceeds to admonish me.*
*«Go to the principal's office!».*

*What does the principal do?*
*He condemns my actions,*
*Turning a blind eye to Israhell.*

*I remain,*
*Sitting in the corner of the office,*
*Without my pencil case.**

¿Sabes esa sensación, cuando eras pequeño y no podías dormir de emoción por algo que iba a pasar al día siguiente, como irte de viaje? Anoche me pasó lo mismo. Me costó dormir, pero no fue por las bombas ni por los drones. Eso, de algún modo, he llegado a normalizarlo; es la única normalidad que conozco, el entorno en el que nací. Nada nuevo en ello. Pero ¿la idea de salir en directo en las noticias? Hasta en medio de todo este caos, esa novedad me resulta emocionante.

Me levanto temprano, sobre las siete de la mañana.

No hay electricidad ni internet. Mohamed viene a recogerme. No sé mucho de él, pero espero a un periodista muy enérgico y de pelo rizado (con eso ya tenemos mucho en común). Las calles están vacías, lo cual es inusual. Aunque Mohamed se puso en contacto conmigo ayer por primera vez, con la cercana consecuencia de este caos, ya me da la sensación de que es como un viejo amigo. No

* Con lágrimas en los ojos, / Le digo a la maestra: / «Israhell me ha robado el estuche». // La maestra pregunta a Israhell: / «¿Le robaste el estuche?». // Israhell asiente con seguridad: / «Ella accedió a darme un lápiz. / ¿Por qué no quedarme también con el estuche?». // La maestra me mira, / Y no dice nada, / Y se vuelve hacia la pizarra. // Yo, rabiosa, golpeo a Israhell. / La maestra me vuelve a mirar, / Y me reprende: / «¡Al despacho del director!». // ¿Qué hace el director? / Condena mis acciones, / Y hace la vista gorda con Israhell. // Y yo me quedo, / Sentada en un rincón de su despacho, / Sin mi estuche.

hay casi nadie caminando por la calle, y apenas coches. Lo que oigo es solo el sonido de vehículos no tripulados, ruido que solo los habitantes de Gaza conocen bien. Para explicarlo, imaginad una mosca zumbándote junto al oído. El dron hace lo mismo: zumba todo el día, como una mosca, solo que peor. Diez veces peor.

En coche, tardamos siete minutos en llegar a Press House-Palestine y hago dos entrevistas: una en directo y otra pregrabada. Me entrevista Mohamed. Press House está como una colmena, llena de periodistas que vienen a usar internet o a cargar sus teléfonos y sus equipos. A la mayoría no los conozco. De pronto me encuentro con Hatem Rawagh, mi antiguo colega, que trabaja allí redactando noticias y editando artículos, vídeo y otros contenidos, igual que cuando trabajábamos juntos. Hatem es un periodista ambicioso, siempre dispuesto a darlo todo para sacar adelante cualquier trabajo. Si necesitas ayuda con cualquier cosa, sabes que Hatem es tu hombre. Casi no podemos hablar —tengo que irme rápido por el peligro—, pero es bueno ver una cara conocida sobre el terreno.

En cuanto termino las dos entrevistas, Mohamed me lleva a casa, porque sé que mamá debe estar preocupada. A decir verdad, aunque solo son siete minutos en coche, yo también estoy aterrada. La oportunidad de hacer las entrevistas me había ilusionado, pero es únicamente una distracción temporal. Gaza ya está irreconocible y este no es más que el segundo día. El Ministerio de Sanidad ha informado de que hay 413 palestinos muertos, setenta y ocho de ellos niños, y 2.300 heridos. Y aquí «heridos» no significa gente con moretones, esguinces y contusiones. No. Aquí significa amputaciones y quemaduras graves.

El trayecto parece durar horas, no minutos. Sentada en silencio en el coche, empiezo a sentir de verdad el peso del alcance de la devastación y de la inminente amenaza. Ayer estaba en casa, siguiendo las noticias. Hoy estoy fuera, viendo con mis propios ojos las calles de Gaza. Es diferente, al menos diez veces peor que como se ve en televisión.

Cuando llego a casa, mamá está levantada, esperándome. Me pregunta cómo me fue en las entrevistas y cómo está la situación allá fuera. Le digo que las calles están vacías, pero que, aparte de eso, todo parece estar bien. Decido, a propósito, no hablarle del alcance de la devastación para no sumarle preocupaciones.

Internet y el suministro eléctrico funcionan de forma intermitente, lo que acrecienta la sensación general de incertidumbre. La única forma de seguir las noticias es a través de la radio de la *teta*, lo que constituye una experiencia muy frustrante. La radio está medio rota, pero de algún modo sigue funcionando, y la *teta* la deja encendida día y noche, incluso mientras dormimos. Es terriblemente irregular. Cuando más necesitas información, guarda silencio; cuando no, se enciende y te despierta de golpe.

Por suerte, mi teléfono tiene señal, así que empiezo a mandar mensajes y a llamar a mis amistades para mantenerme informada. Uno de mis antiguos compañeros del colegio me envía una captura de pantalla de un mensaje que le han enviado las FOI. Es una advertencia a los residentes de Beit Hanoun para que evacúen. Me parte el alma, sobre todo porque su casa ya fue bombardeada durante una ofensiva anterior. Siempre hablaba de eso en el colegio. No recuerdo haberlo visto llorar nunca por su casa ni por las cosas que perdió; de hecho, solía contar que su padre le había prometido que algún día les construiría una casa más grande y más bonita. Pero, a veces, esa tristeza se le escapaba por los ojos.

No quiero que él y su familia vuelvan a pasar por lo mismo. ¿Cuántas veces tiene alguien que empezar de cero solo por ser palestino y vivir en Gaza? ¿Cuántas casas puede construir, arreglar y convertir en un hogar… solo para que un israelí decida bombardearlas? Solo porque puede hacerlo.

¡Bien! Tenemos electricidad e internet otra vez. Dana viene a casa y nos sentamos juntas en la sala sin otra cosa que hacer más que seguir las noticias. Me impresiona la rapidez con la que está empeorando la situación y empiezo a pensar que, esta vez, podríamos estar ante una Agresión especialmente grave. Mamá lo sospechaba desde el principio, pero yo, eterna optimista, no. Al Jazeera publica lo siguiente:

> Los ataques aéreos de Israel y los bombardeos contra casas y edificios de viviendas han desplazado a unos 123.538 palestinos en Gaza, según la agencia de ayuda humanitaria de la ONU.

Me siento agradecida de no contarme entre ellos… al menos por el momento.

Es curioso cómo, en medio de un trauma, pueden surgir rituales. Durante una Agresión nunca hay mucho más que hacer que preocuparse, así que se ha desarrollado una tradición que consiste en jugar a las cartas con los vecinos. Cualquier cosa que sea útil para apartar la mente de las noticias por un rato. Además, te vuelves sensible hasta a los más pequeños detalles. Esta noche, por ejemplo, no está con nosotras Rafaa, la hermana mayor de Dana. Se casó y se fue a vivir a los Emiratos Árabes Unidos. Me alegro por ella, claro, pero también la echo de menos. Aparte, sin ella nos falta una jugadora para la partida de cartas. ¡Pero nos adaptamos! Dana y yo jugamos por internet con otras dos amigas. Es difícil distraerse, pero lo intentamos.

Algo más tarde me llama Mohamed para decirme que mañana saldré de nuevo en directo para comentar los últimos sucesos. Esta vez no me hace tanta ilusión aparecer en las noticias, pero siento que tengo el deber de contarle al mundo cómo es la realidad sobre el terreno.

Es evidente que tenemos que aplicar la cuarta fase de nuestro plan de seguridad. Dana y yo preparamos colchones para todas y dormimos en la sala, que consideramos la zona más segura de la casa y solo tiene una ventana. Dana se queda a dormir, nos sentimos más protegidas si estamos juntas. Además, creo que le da miedo dormir en su habitación sin Rafaa, aunque no lo admita en voz alta.

Dana y yo nos hemos sostenido mutuamente durante todas las ofensivas israelíes en Gaza. En Palestina, la amistad se mide por sus propias categorías. En cualquier otro lugar, los amigos son aquellos que se apoyan mutuamente en los buenos y malos momentos. En Palestina, esos momentos incluyen episodios de guerra y destrucción violenta. Si lo piensas, es una locura que, cuando vives en Gaza, sabes cuáles son tus verdaderas amistades según el baremo de la Agresión. ¿Estarán ahí cuando me bombardeen la casa? ¿Estarán ahí si me acabo viendo desplazada? Ya me entiendes.

## Lunes 9 de octubre (día 3)

Cuando me despierto hay internet y electricidad, así que hago la entrevista en directo desde casa. Es alucinante pensar que este es solo el tercer día... y ya han derrumbado tantas casas y edificios como para que más de cien mil palestinos de Gaza estén desplazados. No quiero ni imaginar cuánto peor podría llegar a ponerse la situación.

Decido echarme a dormir un rato para que el tiempo pase más rápido. Apenas cierro los ojos, me llama Dana: está evacuando con su familia, se marchan a casa de su hermana Rose, en la zona de Rimal. Entro en pánico y corro a la sala a contárselo a mamá.

Salimos a la puerta principal para entender lo que está pasando —¿por qué están evacuando algunas personas y otras no?—, y nos enteramos de que las FOI han enviado una advertencia: están a punto de bombardear una universidad cercana a la zona donde vivimos.

Por varios motivos, mi familia y yo decidimos no evacuar. Primero, aún quedan vecinos en el edificio. Segundo, no sabemos adónde podríamos ir ni si hay algún lugar en el que vamos a estar más seguras. Tercero, nos da miedo que el bombardeo empiece en cualquier momento y que ya no sea seguro moverse. Cuarto, no es la primera vez que bombardean un edificio cercano. Quinto, evacuar con la *teta* es difícil porque va en silla de ruedas y no hay electricidad. Sexto, y lo más importante, los israelíes no nos han contactado directamente para advertirnos que evacuemos.

Algunos vecinos entran en pánico, se marchan y cierran sus puertas. Otros, en cambio, las abren, sabiendo que mantenerlas cerradas puede entrañar más peligro. Bajo fuego intenso, una puerta puede salir volando en cualquier momento, así que es más seguro dejarla abierta. En el peor de los casos, puede ocurrir que se incendie la casa por los bombardeos y te quedes atrapada dentro si la puerta no se abre.

Estamos todos esperando a que las FOI bombardeen la universidad. Toda mi familia y yo nos quedamos sentadas en un pequeño pasillo en casa de mi tía, que no tiene ventanas y se considera relativamente seguro. Los vecinos han desmontado las ventanas para que no estallen. Vamos y venimos entre el pasillo de mi tía y la casa del vecino.

Finalmente comienza el bombardeo. Es tan intenso que mi familia decide que es más seguro trasladarse al piso del vecino. Llevamos viviendo en este edificio desde que yo tenía tres o cuatro años, así que tenemos una relación muy cercana con el resto de los vecinos. Ahora estamos diez personas reunidas en una pequeña cocina, esperando que termine el bombardeo. Pero no hace más que volverse más fuerte y acercarse cada vez más.

Hablando de cocinas, mamá estaba haciendo arroz con pollo antes de que empezara el bombardeo y no le dio tiempo a terminar de cocinar. Como nos han acogido los vecinos, terminamos comiendo con ellos. Pienso que es mi día de suerte, porque tenemos uno de mis platos favoritos: sándwiches de pasta de pollo con maíz.

Y ni siquiera tengo que ayudar a lavar los platos, porque no lo hace nadie. Comemos todos sentados en el suelo, lejos de las ventanas. Los platos se quedan ahí, devolviéndonos la mirada. A ver, podríamos morir en cualquier momento… ¿qué más dan los platos? Empieza a oscurecer. El bombardeo se detiene un rato, luego se reanuda.

Sé distinguir bien el sonido de las bombas, y es imposible que hayan atacado solo la universidad. Se va la luz, se corta internet y, por supuesto, no hay señal para llamar ni para seguir las noticias. Estoy sentada sin decir palabra —algo raro en mí—, mirando a los ojos a quienes me rodean. El miedo que reflejan dice más que cualquier palabra. Solo quiero que pase esta noche, ver la luz del día.

No quiero morir en la cocina de mi vecino.

Pienso que vamos a morir todos. Todos mis vecinos están saliendo del edificio a toda prisa. Nadie sabe adónde ir. Está oscuro y seguimos oyendo las bombas a nuestro alrededor, como una repetitiva y enfermiza banda sonora. No hay palabras que alcancen a describir esta experiencia, pero grabo un par de vídeos para intentar capturarla. Mi familia y mis vecinos salen del edificio en estado de *shock* y yo no voy a olvidar nunca esta escena. En el tercer piso, justo debajo del nuestro, un apartamento ha sido alcanzado por un cohete, lo que ha provocado que otro estalle en llamas. ¡Todo ocurrió mientras seguíamos dentro del edificio, y ni nos dimos cuenta! Imaginad cuán fuerte es el ruido del bombardeo.

La Defensa Civil Palestina está evacuando a todos los mayores al Hospital al-Quds, la *teta* incluida. Insisto en quedarme con ellos y me siento en la parte de atrás de su coche para no separarme de mi *teta*. Mi hermana Judy se queda conmigo y mamá se va caminando hacia el hospital con los vecinos. Papá, por suerte, está trabajando en el extranjero. Él y mi hermano mayor, Ahmed, que está estudiando en Canadá, se están perdiendo toda la acción. Me pregunto si les dará FOMO.

Cuando llegamos al hospital, casi todas las caras me resultan conocidas. Vecinos de mi edificio, gente del barrio. Estoy acostumbrada a verlos en el mercado, en la farmacia, no desplazados en un hospital.

Mi *teta*, Judy y yo llegamos antes y nos quedamos esperando a que lleguen mamá y los vecinos. El sonido de las bombas es incesante y tengo miedo de que les pase algo mientras vienen de camino al hospital. Por fortuna llegan todos sanos y salvos. Doy vueltas por el hospital y, cuanto más lo recorro, más gente conocida encuentro. Es desgarrador. Lo que veo en el hospital y todas las historias que escucho merecerían un diario propio. Ahora que lo escribo, todo me parece una escena de una película de terror. Ojalá fuera solo una película y no mi vida.

Al cabo del rato llega un chico llamado Motaz y se presenta. Resulta que también fue alumno del AISG y me reconoce de cuando iba a visitar a mi madre en su trabajo. Él y su familia viven en mi barrio y, como no tenían adónde ir al verse obligados a dejar su casa, vinieron al hospital. Nos sentamos en las escaleras y Motaz me habla durante una hora sobre su mejor amigo del colegio, que ha sido herido en un ataque aéreo. Está ingresado en el mismo hospital donde ahora estamos, recibiendo tratamiento en ese mismo momento.

Motaz está físicamente sentado a mi lado, pero su mente está con su mejor amigo. No deja de intentar ir a ver cómo está, pero los médicos no se lo permiten. Mientras él va y viene, yo me quedo en las escaleras, intentando procesar todo lo que ha pasado en las últimas veinticuatro horas. Al final, cuando vuelve de uno de sus intentos, me dice que su mejor amigo acaba de morir.

Se sienta a mi lado y yo simplemente le escucho. Me cuenta un montón de recuerdos que tiene de su amigo y me habla de que no se imagina volver al colegio sin él. No creo que haya nada que una pueda decirle a otra persona como consuelo cuando esta ha perdido a alguien, así que me limito a escucharle. No puedo imaginarme lo que sería perder a Dana o a Yara. Ni, en realidad, a cualquier persona de las que forman parte de mi vida. Si muriera el señor que atiende el supermercado debajo de mi edificio, me moriría de pena.

Cuando evacuamos nuestra casa no pudimos llevarnos muchas cosas. Yo solo agarré una pequeña libreta con distintas duas (súplicas a Dios en petición de ayuda, perdón y misericordia). El enero pasado, cuando murió mi abuelo, las recitamos en familia por él. Pero, en este momento, creo que Motaz las necesita más que yo, así que le entrego la libreta y le digo que lo mejor que puede hacer por su amigo es rezar por él. Poco después se va a buscar a su familia, y yo me quedo sentada en las escaleras intentando, una vez más, asimilar que todo esto es real.

Nunca imaginé que algún día me vería en esta situación, sentada con un desconocido de quince años, consolándolo por la muerte de su mejor amigo. Sé que puede sonar extraño —¿cómo no imaginar algo así si has vivido rodeada de ofensivas israelíes en Gaza toda tu vida?—, pero mi respuesta es simple: no importa lo familiarizada que estés con algo, no importa cuántas veces hayas pasado por ello o cuánto creas que sabes cómo gestionarlo, cuando sucede, siempre te afecta de una forma diferente.

El hospital se está convirtiendo en un caos. Está lleno de heridos y desplazados que llegan con bolsas en las que han embutido toda su vida. El suelo está sucio, con manchas de sangre y huellas de pisadas. Me dan muchas ganas de ponerme a limpiarlo, pero me centro en mis propios asuntos. Observo a la gente a mi alrededor e intento leer sus rostros. No es difícil: están rotos, asustados, agotados, sin haber dormido en toda la noche.

Mi familia y algunos vecinos encuentran un rincón con un sofá. Después conseguimos un colchón extra, y nos turnamos para dormir, porque no hay espacio para todos. No sé cómo consigo dormir. Lo último que recuerdo es tener conexión a internet y estar mirando el móvil.

¿Y si la Defensa Civil hubiera llegado diez minutos tarde a evacuarnos del barrio? Podríamos haber muerto.

## Martes 10 de octubre (día 4)

No sé por dónde empezar. Ayer fue el peor día de mi vida, pero tiene toda la pinta de que, a partir de hoy, las cosas no van a hacer otra cosa que empeorar.

Me despierto junto a mi familia y mis vecinos, aún en estado de incredulidad por haber pasado la noche en un hospital. Nos lavamos la cara y mi vecino sale a buscar un restaurante abierto, cualquier sitio donde podamos comer algo para poner el cerebro en marcha y decidir qué hacer. Aún quedan algunos sitios abiertos, sobre todo cerca de los hospitales, y consigue faláfel y varios sándwiches.

Después de desayunar empezamos a valorar nuestras opciones. Queremos irnos del hospital para dejar espacio a otros posibles evacuados, que puedan quedarse aquí si les ocurre lo mismo que a nosotros ayer. Por suerte aún tenemos algunos amigos y familiares cuyas casas siguen intactas, y una de ellas, Amal, nos invita a que nos quedemos con ella y su madre. Mi familia y yo aceptamos y nos separamos de nuestros vecinos, que se van a casa de otros amigos.

Pero, primero, otra tradición gazatí.

En Gaza, cuando bombardean una casa o un edificio, los vecinos se reúnen en el lugar del bombardeo al día siguiente, con la esperanza de recuperar algo de entre los escombros.

Nos acercamos al edificio donde vivo. Me impresiona. Tanto ver lo dañada que parece estar la estructura como el mero hecho de que el edificio siga en pie. Subimos por las escaleras, que están cubiertas de tierra y trozos de cristales rotos. Cuanto más nos acercamos al cuarto piso, más fuerte late mi corazón y más crece mi ansiedad. Ya no quiero ver la destrucción física. Ver tus cosas, tu hogar destruido, tiene algo que lo vuelve todo más doloroso.

Tengo un pequeño respiro; nuestra casa sigue ahí. Anoche, cuando vi las llamas, pensé que iba a arder toda la planta, probablemente el edificio entero. Pero los bomberos hicieron un trabajo increíble. Mamá, Judy y yo agarramos rápidamente una muda de ropa cada una, yo me llevo también mi portátil y todos mis cargadores. Por un momento me pregunto si hay manera de meter toda la casa en una bolsa... pero luego pienso que, de todos modos, en algún momento nos van a matar a todos, así que lo que me lleve de casa, a la larga, va a dar igual.

Veo que la puerta de casa de Dana está abierta de par en par, así que entro y la llamo para hacerle un recorrido virtual por su casa. Las habitaciones de su madre y su hermano están completamente calcinadas, prácticamente irreconocibles, la suya está sembrada de escombros y cristales rotos. Pero sigue siendo su casa, igual que mi edificio sigue siendo mi edificio. En Gaza, por mucho que tu casa esté totalmente destruida, aunque los techos se hayan desplomado, sigue siendo tu hogar y lo reclamarás como tal. Aunque no sea segura, aunque no sea más que unos escombros, pondrás una tienda de campaña sobre los restos y la llamarás hogar. La conexión entre un palestino y su casa es sagrada. Esa conexión nadie puede romperla ni lo conseguirá por más que lo intente.

El hermano mayor de Dana, Wesam, también llega para cumplir su propio ritual. Le pregunto rápidamente a Dana si quiere que le lleve algo, y me dice que le dé a Wesam sus perfumes favoritos. Le menciono que tal vez hay cosas más importantes que rescatar en medio de una Agresión, pero ella insiste solo en los perfumes. Y por eso —entre tantas otras cosas— la quiero tanto.

No hay taxis, así que volvemos al hospital caminando. Son solo veinte minutos a pie, pero se nos hacen como horas. Empiezo a hacer un *vlog*, comparando nuestra situación con la de la Nakba. Obviamente, yo no estuve allí, pero estoy tomando conciencia de que toda mi vida está ahora metida en una bolsa que irá conmigo allá donde vaya. No tengo base. Estoy reviviendo las historias de la Nakba.

Llegamos al hospital. Nos reunimos con mi *teta* y nos despedimos de nuestros vecinos. Doy las gracias muy brevemente al personal, pero ¿qué puedes decirle a un personal de urgencias que está en constante estado de emergencia? Sé que están haciendo todo lo que pueden.

Antes de irme, conozco a Ameer Abu Aisha, coordinador de medios y responsable de la sala de operaciones de emergencia de la Media Luna Roja Palestina. Prácticamente vive en el hospital. Me dice que me sigue en redes sociales y que considera que soy una persona con mucho coraje. El reconocimiento me hace bien: un cumplido, en la circunstancia que sea, es un cumplido. Nos damos mutuamente el número de teléfono por si ocurre alguna emergencia, le doy las gracias y luego salgo del hospital rumbo a casa de Amal.

De camino, hago una parada en Press House-Palestine y le compro a Hatem un chaleco y un casco de prensa. He decidido empezar a trabajar sobre el terreno y necesito protegerme lo mejor posible. El equipo es pesado. Cuando llegamos a casa de Amal, mamá se va directa a ducharse y yo me pongo a cargar todos mis dispositivos y a revisar mis notificaciones, agradecida de estar en un sitio con electricidad.

No llevamos en la casa ni treinta minutos cuando nos vemos obligadas a evacuar de nuevo. Las FOI llamaron al guardia del edificio con instrucciones para que difunda la información de que es inminente un ataque. Las FOI tienen varias formas de enviar sus advertencias. Si van a atacar un edificio específico, se limitan a llamar al responsable del mismo; si no tienes comunicación con él o no te avisa, el mensaje no te va a llegar. Igual si su objetivo es una casa: avisan únicamente a uno de los residentes y dan por hecho que el mensaje se difundirá entre todos ellos. Solo lanzan folletos de evacuación o hacen un llamamiento público cuando están a punto de bombardear una zona entera. ¿Y a veces? A veces no hay advertencia ninguna.

No hay certezas.

Las peores advertencias son las que llegan por medio del boca oreja. De pronto todo el mundo entra en pánico, confundido, gritando, y tú no tienes ni idea de qué está pasando. ¿Es un rumor? ¿De verdad hay que evacuar? ¿Van a bombardear todo el edificio o solo un par de pisos? ¿Tal vez solo el edificio de enfrente? ¿Quién ha dado la alarma? Millones de preguntas, un torbellino emocional y apenas tiempo para procesar nada. Hay que moverse.

Las duchas más rápidas que me he dado en mi vida han sido durante las Agresiones. Siempre me ha aterrorizado tener que evacuar mientras me estoy duchando. O peor aún, ¿y si bombardean la casa mientras aún estoy metida en la ducha? Hay tan pocas cosas que puedes controlar durante una evacuación... que quizá es natural darle vueltas a la cuestión de cómo encontrarían tu cuerpo si llega a pasar lo peor.

Somos seis —todas mujeres, dos de ellas mayores (mi *teta* y la madre de Amal)— y un gato. Agarramos nuestras pertenencias y salimos corriendo para evacuar el edificio. Sin tiempo que perder, me pongo el chaleco de prensa y el casco, cojo el teléfono y el cargador, y luego me quedo mirando con duda mi portátil y mi mochila de emergencia. Son demasiado pesados para cargar con todo, ya estoy cargando con el equipo de prensa, más el peso emocional de esta crisis en la que estamos, que es como si llevara una tonelada de ladrillos al hombro.

Me veo en la situación de elegir entre toda mi vida —metida en la mochila de emergencia— y ser reportera. Decido que el periodismo significa más para mí que la mochila que contiene mi vida y mi hogar, así que la dejo atrás. Me quedo preguntándome cuántos sentimientos puede procesar a la vez una persona.

Nos quedamos en la calle, sin saber adónde ir ni qué hacer. ¿Volvemos al hospital y les damos la sorpresa de volver con dos amigas más y un gato aterrorizado? ¿Lo intentamos con la hermana de Amal, Rasha? Es la mejor amiga de mi madre, pero vive en al-Zahra, a casi veinte minutos en coche. Gaza es tan pequeña que casi todo está «a veinte minutos en coche». Pero esos veinte minutos son una travesía llena de peligros, de la que tal vez no regresemos. Hay demasiadas preguntas y no hay tiempo para pensar. La sensación es de fin del mundo. De milagro, encontramos un taxi. Las cinco personas de mi familia se suben, para mí no hay sitio, pero no pasa nada, porque justo en ese momento el destino (Mohamed) me llama para preguntarme si podría asistir a una entrevista. Me promete que después me llevará con mi familia, así que le digo a mi madre que no se preocupe por mí y las dejo. Emprendo el camino hacia Press House-Palestine.

Sigo con el chaleco de prensa y el casco puestos, y la gente me para por la calle para preguntarme las noticias. Soy periodista, se supone que debería saber qué está pasando. Pero ahora mismo, en Gaza, no hay mucha diferencia entre periodistas y civiles. Nadie tiene internet, ni gasolina para el coche, ni fuente fiable alguna de información actualizada.

Llego a Press House y me encuentro con Hatem en la puerta. Está quieto, mirando a la gente que está en la calle. Las FOI han bombardeado Etisalat, una de las principales empresas de telecomunicación de Palestina, y no hay internet ni red telefónica. La gente está simplemente allí parada, de pie, con expresión perdida. Es una escena absolutamente surrealista.

Al poco de llegar, vienen dos colegas de Mohamed —Ibrahim y Mohamed 2 (en Gaza, casi todos se llaman Mohamed)—, y me dicen que lo han llamado por un trabajo de última hora y que me harán ellos la entrevista. Salimos en su coche de prensa hacia mi barrio y grabamos un reportaje en el que hablo de los bombardeos que ha habido en mi zona. Les digo que ya ni siquiera reconozco mi propia calle.

Cuando terminamos la entrevista, Ibrahim y Mohamed 2 me preguntan adónde quiero que me lleven. En respuesta, les pregunto yo a ellos adónde van a ir y me dicen que a casa de otro periodista que saben que aún tiene internet, así que les digo que voy con ellos.

Algunas zonas de Gaza no han sufrido directamente los bombardeos y en ellas todavía hay internet. En Press House no hay. Y en la casa de Rasha, en al-Zahra, la conexión móvil ya era horrible incluso en «tiempos de paz», así que la idea de irme allí me parece un infierno. Me doy cuenta de que, en realidad, prefiero morir trabajando sobre el terreno que quedarme atrapada en una casa sin internet ni señal móvil. Ya sé, ya sé. Prioridades.

No llego a conocer el nombre del periodista que me acoge en su casa (no es imposible que también se llame Mohamed). En circunstancias normales, jamás entraría en casa de un desconocido para pedirle que me deje usar su internet, ni siquiera durante una Agresión, pero esta ofensiva tiene un cariz que empieza a no parecerse a ninguna otra que haya vivido antes. Aquí, todo aquel que aún tiene casa abre sus puertas a los demás, desconocidos incluidos. Es la norma palestina: sobrevivir a través de la camaradería, la generosidad y el apoyo mutuo.

La casa del periodista está en el norte de Gaza. Tiene dos plantas, una para las mujeres y las niñas y otra para los hombres y los niños. Voy a presentarme a las mujeres y les digo que solo estaré allí un rato para usar internet y que no tardaré en marcharme con mis colegas. Son maravillosas, superhospitalarias, y me preguntan repetidas veces si quiero comer o beber algo. Se los agradezco, pero declino el ofrecimiento cortésmente. No puedo aceptar su comida, la Agresión se está recrudeciendo y sé que los precios en los mercados van a dispararse según vayan escaseando los suministros. Y ya me siento culpable por estar usando su internet.

Aun así, me dan algún tentempié y una botellita de agua.

La mujer del periodista se muestra muy orgullosa de mí, del hecho de que sea también periodista, y no para de hacerme preguntas sobre su marido y su trabajo sobre el terreno. Yo no lo conozco de nada, pero lo elogio y le digo que es un reportero inigualable.

El tiempo que tengo para usar internet es limitado y me siento un poco sobrepasada. ¿Cuál es la mejor manera de usarlo? Primero contesto los mensajes de mis amistades y mis familiares para que sepan que estoy bien. Luego entro a Instagram y me sorprende descubrir que tengo un montón de seguidores nuevos y la cantidad de mensajes de apoyo que estoy recibiendo. Ayer grabé un *vlog* en casa de mi vecino en el que, de pronto, se escucha de fondo el ruido de una bomba. Mi reacción, boquiabierta de sorpresa y pánico, se ha hecho viral.

Finalmente consigo hablar con Dana. Me cuenta que está en Khan Younis, en el sur de Gaza. Su familia y ella han evacuado y se han marchado a casa de su otra hermana. En Gaza, el proceso de evacuación y desplazamiento es interminable: dejas tu casa, te marchas a la de un familiar, luego tus familiares y tú evacuáis a casa de otro familiar o amigo... y así hasta que acabáis todos juntos en una tienda de campaña.

Nos vamos de casa del periodista antes de que se haga de noche. Ibrahim y Mohamed 2 vuelven a preguntarme dónde quiero que me dejen. Les digo que me dejen ir con ellos, adondequiera que vayan, y me miran como si estuviera chalada por no querer marcharme. Pero no tienen ni tiempo ni energía ni capacidad para contraargumentar, así que me voy con ellos.

Llegamos a una oficina en el norte de Gaza, a solo unos diez minutos de mi casa. Allí aún hay conexión a internet y me instalo para seguir trabajando. Hago dos entrevistas más para dos canales de noticias distintos, no sé cuándo volveré a tener internet y quiero que mi voz se oiga. Hace dos días estaba superilusionada con salir en un directo y ahora no siento nada. Estoy quizá un poco aturdida, quizá un poco abrumada.

La oficina está en un edificio corriente, es la oficina de una empresa cualquiera en la que gente debería estar trabajando, pero ahora parece un campo de refugiados. Han acogido allí a dos familias con todos sus miembros, la escena es de película. Hay dos chicas más o menos de mi edad paseándose tranquilamente en pijama. Un hombre, como de unos cincuenta años, fuma una cachimba mientras teclea en su portátil. Otro —que me parece que es hermano de las dos chicas— está rezando. Es un caos; ojalá pudiera grabar un vídeo. Suena fatal decir esto, pero agradezco que no haya por allí niños llorando o gritando.

Intento centrarme en lo mío. Estoy aquí solo porque quiero usar internet. Pero llega la madre de alguien para ver cómo está la madre de otro de los que están por allí y nos trae sándwiches y agua. Le doy las gracias, me como la mitad del sándwich y lo dejo. Tengo un hambre enorme, pero no tengo tiempo que perder comiendo, y sostener el sándwich, morderlo y comérmelo es una interrupción.

Al rato, Ibrahim y Mohamed 2 reciben una llamada: tienen que ir a informar sobre una masacre en Sheikh Radwan. Se ponen sus distintivos de prensa y me dicen que me quede en la oficina. Yo, claro está, me niego. Insisto en ir con ellos. Me contestan que no es una excursión, que es peligroso y que si me pasa cualquier cosa será mi responsabilidad. Apenas escucho una palabra de lo que me dicen.

Estamos ya a medio camino de Sheikh Radwan cuando tenemos que detenernos. El bombardeo es incesante, e informar desde allí es demasiado peligroso.

Por tercera vez en el día, Ibrahim y Mohamed 2 me preguntan dónde quiero que me dejen. Y esta vez me dicen que ellos se van a casa, el trabajo ha terminado por hoy. Después de asegurarme por triplicado que no voy a perderme ir a cubrir ninguna masacre, les pido que me lleven otra vez a al-Quds. De camino, llamo a Ameer y me dice que puedo usar su oficina como un espacio tranquilo para trabajar un poco, y la gratitud que siento hacia él es inmensamente desproporcionada.

Llamo a mi madre para contarle que estoy bien y que voy a quedarme esta noche en el hospital. Tengo que intentarlo diez veces antes de conseguir comunicarme con ella. Cuando por fin lo consigo, le hablo como si viviéramos en una fantasía de normalidad y no pasara nada, y hago como si no entendiera del todo por qué está tan preocupada. ¿Qué ofensiva? ¿De qué me hablas? Y creo que, en cierto grado, me cree. Quizá le resulte más fácil procesar este relato.

Mi madre sabe que no le queda más remedio que dejarme ser yo misma. Soy una mujer responsable que puede tomar decisiones acertadas cuando hace falta, pero también soy la persona más testaruda del mundo cuando quiero hacer algo. Mamá sabe que si intentara convencerme para que no trabajara, la ignoraría de plano. Hay circunstancias en las que, como periodista, no puedo no trabajar. Y ella lo sabe. Así que es más fácil que confíe en mí.

Son cerca de las seis y media de la tarde cuando decido que no voy a quedarme a dormir en el hospital. Necesito ducharme y comer comida de verdad. Llamo a mi mejor amiga, Yara, y le digo que voy para su casa. Aunque en Gaza todo está a poca distancia, yo estoy exhausta. Me doy cuenta con terror de que, si no recuerdo mal, me he dejado la cartera en el bolso de mamá y no llevo dinero. Así que hago algo vergonzoso: le pregunto a un taxista si me puede llevar gratis a casa de Yara. Accede con una condición: «Cuando me maten —me dice— publica una foto bonita mía en internet y pide a la gente que rece por mí».

En Gaza, todo el mundo vive con la idea de que tarde o temprano morirá, es solo cuestión de tiempo. Le sonrío al taxista y asiento. No puedo ni expresar el alivio que siento al llegar a casa de Yara. La conozco desde que estábamos en cuarto de primaria, y he pasado en su casa tanto tiempo como en la mía. Lo primero que hago es darme una ducha. Yara me da un pijama limpio (la camiseta y los pantalones no combinan, pero qué más da, digo yo) y luego su padre hace *manakish* (un pan plano con tomillo y aceite). Creo que es lo más delicioso que he comido en mi vida.

Es un pequeño respiro antes de que empiece el interrogatorio. En esta casa, en ese momento, hay más de veinte personas: Yara, su madre y su padre, su hermano con su mujer, su tío con su mujer e hijos, una amiga de la familia con sus hijos, y su cuñado con su mujer e hijos. Todo el mundo empieza a acribillarme a preguntas sobre lo que está pasando ahí fuera y sobre la experiencia de ser periodista en circunstancias como estas.

Hoy ha sido un día larguísimo, así que decir que estoy cansada es quedarse muy corta. En el instante en que cierro los ojos, me quedo dormida.

En mitad de la noche, me despierto y me quedo un rato mirando a Yara y pensando: «Esto está pasando de verdad». Me pregunto si habrá caído en que es la primera vez que pasamos la noche juntas.

Llegada a este punto, sigo simplemente escribiendo, aunque no entiendo ni una sola palabra. Supongo que a veces, para protegernos, nos engañamos. Pero ya no sé si estoy escribiendo sobre mi vida real, sobre experiencias que estoy viviendo verdaderamente o si esto es el guion de una película. Sigo escribiendo. Y sigo procesando. Y espero desesperadamente que me sirva para entender.

## MIÉRCOLES 11 DE OCTUBRE (DÍA 5)

Yara y yo nos levantamos temprano. Hace té para las dos y nos lo tomamos sentadas en las escaleras de su casa. Apenas he dado un primer sorbo cuando me llama Mohamed y me dice que hay que ponerse a trabajar.

Deambulo por las calles y la mayoría de las zonas por las que paso ni las reconozco, aunque son avenidas y carreteras que transito a diario. La destrucción las ha dejado imposibles de identificar.

Voy con Mohamed a informar sobre el distrito de al-Krama, que fue bombardeado ayer. Entre los escombros hay desperdigadas fotografías familiares, se me parte el alma al verlas, y me muero de terror pensando que, el día en que Israel me mate, pasará gente al azar por la calle, verá mis diarios tirados bajo los escombros, y se preguntará quién era Plestia Alaqad y por qué murió cuando murió. Me cuesta asimilar la rapidez y la gravedad de la escalada de esta situación.

El momento más duro del día es cuando visitamos la escuela de la UNRWA y veo a las familias y los niños que están refugiados allí. Busco palabras para describir lo horribles que son esas escenas, pero no puedo. Según la Oficina de la ONU para la Coordinación de Asuntos Humanitarios (OCHA), al quinto día hay ya 338.934 personas desplazadas en Gaza, dos tercios de las cuales están refugiadas en escuelas de la UNRWA. En las últimas veinticuatro horas, la cifra de desplazados ha aumentado un 30 por ciento. No me imagino cuánto puede empeorar la cosa con que los bombardeos continúan solo un día más.*

La escuela debería ser, supuestamente, un sitio donde los niños van a aprender cosas y a jugar con sus amigos, no un lu-

* Y un año después aún continuarán.

gar donde encontrar refugio de la violencia y la guerra. Mohamed y yo hacemos algunas entrevistas en las escuelas y yo juego un poco con los niños. Charlamos, me hago fotos y vídeos con ellos. Intento como puedo hacerlos sonreír, aunque sea un ratito. En medio del trauma, eso ya es un logro.

Es apenas mediodía, pero ya estoy agotada por todo lo que he visto y lo único que quiero es que acabe este día. Mohamed me acompaña a casa de Rasha para que pueda ver brevemente a mi familia: mamá, la *teta* y Judy. No nos quedamos más que diez minutos. Cenamos algo rápido y le cuento a mamá que he firmado un contrato con un canal de noticias internacional y que he empezado a trabajar para ellos oficialmente. Le digo que voy a quedarme en al-Quds indefinidamente, porque allí hay internet y red móvil. Ahora que la prensa internacional no puede entrar en Gaza, es crucial informar para estos canales y difundir la información de lo que está pasando. A mi madre no le queda otro remedio que apoyarme.

Mi *teta* se ha dejado en casa sus medicinas y su pasaporte, y mamá me pregunta si podría ir a buscarlos. La tarea tiene cierto riesgo, pero ni lo pienso. Voy y punto.

Las calles están vacías y en silencio, lo único que se oye es el sonido de las bombas por un lado y por otro, a lo lejos. Todo el mundo ha evacuado la zona. Mohamed y yo llegamos al edificio donde vivo tan velozmente como podemos, entramos con sigilo, recogemos las medicinas y el pasaporte y volvemos al coche corriendo. El alivio que sentimos al irnos es inmenso.

Necesitamos conectarnos a internet. Entregamos las medicinas y el pasaporte y volvemos a la oficina. Hay conexión, aunque muy débil, pero no me puedo quejar. El vídeo en el que se ve mi reacción al oír las bombas sigue viralizándose. Lo han publicado casi todos los medios de comunicación del mundo y se está traduciendo a idiomas que ni siquiera sabía que existían. Estoy totalmente alucinada por la repercusión y espero de verdad que sirva para algo.

Estoy intentando enterarme de las últimas noticias y subir un par de vídeos. Revisando mis mensajes, contestando a lo que puedo, de pronto me doy cuenta de que el resto del mundo no sabe que en Gaza no tenemos refugios de emergencia. (Israel bloquea la entrada de todo tipo de equipamiento que pueda emplearse para construirlos). Darme cuenta de esto me deja perpleja.

¿Qué creía la gente que estábamos haciendo? ¿Pensaban que las condiciones eran mínimamente justas?

Está a punto de anochecer, y moverse de noche es aún más peligroso, tenemos que irnos de la oficina. Llamo a Ameer y le digo que voy camino a al-Quds. Cuando llego, me da las llaves de su despacho, porque tengo que hacer dos entrevistas en directo y en el hospital no hay ni un solo rincón medio tranquilo. Está repleto de heridos y familias desplazadas, cuyo número no ha hecho más que aumentar desde la primera noche que pasé allí.

La batería de mi teléfono está a punto de morirse y no encuentro mi cargador. Me parece que me lo he dejado en el coche de Mohamed, pero no estoy segura. Me pongo a buscar un cable de iPhone por todo el hospital y, en mis vueltas, acabo de nuevo en el sofá donde dormí con mi familia la otra noche. Ahora hay allí otra familia que me presta un cargador; mientras espero a que se cargue la batería de mi teléfono nos hacemos superamigos.

Resulta que viven en el mismo barrio que yo. Fijamos una cita en firme para comer cuando acabe la Agresión. Espero volver a verlos. Tienen una hija pequeña que se llama Dana. Hace semanas que no veo a mi Dana y no estoy acostumbrada a estar separada de ella, sobre todo cuando hay violencia.

Les pido permiso para dormir en el mismo rincón en el que están ellos. La madre, Hana'a, le dice a su hija que me preste su almohada y comparta conmigo su manta.

No acepto la almohada, pero comparto la manta con gratitud. Para mí, toda esta interacción tiene un significado enorme. Una familia que acabo de conocer, y que lo ha perdido todo, comparte de buen grado conmigo lo único que le queda. Esto dibuja de un trazo, en un gesto, al pueblo palestino.

Cada noche me duermo aterrorizada por lo que pueda deparar el día siguiente. Hoy, las autoridades del hospital de Gaza han lanzado un SOS internacional: la capacidad de su generador está a punto de agotarse.

Que nuestro sistema de salud colapse es solo cuestión de tiempo. Tic, tac.

## Jueves 12 de octubre (día 6)

A primera hora de la mañana viene Mohamed a recogerme al hospital.

Me encuentro con Leen, la niña a la que solía dar clases particulares, que está con su padre. Me insiste para que vaya a desayunar con su familia y, aunque Mohamed me está esperando, subo corriendo las escaleras para saludar a su hermana Lara, a su hermano Khalid y a su madre Heba. ¡Incluso en plena Agresión, la educación prevalece!

Su hermano pequeño está herido y se me parte el corazón. Cuando la familia huía por la calle, al evacuar la casa de sus abuelos, le impactó un misil en la pierna. Viven en la siguiente manzana de Press House. Me reconforta que hayan conseguido un hueco en el hospital, que está desbordado; es un pequeño alivio en medio de todo este caos.

Es un buen comienzo para el día. Siempre es una alegría ver a gente a la que tengo aprecio, independientemente de las circunstancias. Aceptas lo que te llega.

Mohamed y yo nos ponemos a trabajar. Tenemos como primera misión entrevistar a un paramédico. Esta es la primera vez que entrevisto a uno, en realidad es la primera vez que hablo con uno de ellos y me voy dando cuenta de lo verdaderamente difícil que es su labor. Tienen que apañárselas como pueden mientras Israel sigue bombardeando las calles, bloqueando todas sus rutas de acceso y haciéndoles casi imposible llegar a ningún sitio. Y su trabajo es peligroso. A veces Israel ataca casas donde aún hay gente dentro que está herida, y los paramédicos están intentando llegar hasta ellos en medio de los bombardeos.

Sigo teniendo *flashbacks* de 2021. Tengo muy vívido el recuerdo de cuando las FOI bombardearon una casa en el complejo Mushtaha, que está cerca de mi casa. Desde la habitación de mi madre vimos incendiarse algunos pisos tras el bombardeo. Le pregunté cómo era que no llegaban los bomberos y me dijo que era porque aún no sabían con seguridad si el objetivo de Israel eran solo aquellos apartamentos en llamas o si pretendían bombardear todo el complejo. En Gaza, el trabajo de la gente entraña una dificultad que el resto del mundo no puede ni imaginar.

Después de hacer las entrevistas, decidimos volver a casa de Rasha. Tiene unos mellizos, Hoor y Osayd, que son de la edad de mi hermana y van al mismo colegio que ella. Me siento como su hermana mayor. Hace apenas un par de días estábamos todos en nuestra casa y yo les estaba insistiendo para grabar tiktoks conmigo. A veces Judy y los mellizos hacen juntos los deberes, así que estoy acostumbrada a verlos cotidianamente. Vienen a casa casi a diario y también hacemos planes con ellos los fines de semana. Es algo bastante típico en mí, no me hace falta que la gente tenga mi edad para hacerme su amiga. Me encanta relacionarme con personas de edades muy dispares, porque ser amiga de los mayores amplía mis horizontes con todas las cosas que saben y gracias sus consejos, y ser amiga de gente más joven significa, básicamente, tener un montón de fans adolescentes.

Dana es la excepción. Solo es seis meses más pequeña que yo, aunque nunca dejo de decírselo y ahora ha quedado por escrito en un libro, para siempre.

Llegamos a casa de Rasha, que es básicamente una pequeña villa. Se entra por un jardín en el que hay una casita y luego hay unas escaleras por las que se llega a otra casa más grande. Mohamed se queda en el jardín con Osama (el marido de Rasha) y yo subo adonde están los demás. Llego en el momento perfecto: mamá y Amal acaban de hacer tortas. Como rápido, intento paladearlas y apreciarlas, porque no sé cuándo volveré a comerlas. El hambre es un arma generalizada de las fuerzas israelíes.

Me doy un baño rápido y emprendo una expedición para coger algo de ropa prestada. En el armario de Hoor me hago con unos vaqueros y una camisa blanca, y a Osayd le cojo unas camisetas negras, porque las quiero *oversize*. Me pongo una y le doy otra a Mohamed. Cojo también paracetamol, porque el zumbido de los drones me da dolor de cabeza, y me despido. No ha sido una visita demasiado larga.

Mohamed y yo seguimos trabajando. Recorremos Gaza, entrevistando a gente distinta, preguntándoles sobre la situación actual. La mayoría son pesimistas y tienen miedo de lo que esté por venir. Eso tiene sentido. Según informa Al Jazeera, Israel está sometiendo a Gaza a un «asedio total», impidiendo que llegue comida o combustible a más de dos millones de personas que dependen de la ayuda internacional. Este es solo el sexto día.

Mohamed me deja en al-Quds antes de que anochezca. Voy a ver cómo está Leen, pero tengo que irme corriendo porque la NBC quiere hacerme una entrevista. Leen y su hermana Lara quieren venir conmigo porque están aburridas, así que las dejo que me acompañen a la casa bombardeada donde va a ser la entrevista. Está a cinco minutos caminando del hospital. Los periodistas acaban entrevistando también a Lara, y creo que es una buena distracción para ella. Como está en secundaria, le preguntan sobre el futuro de la educación en Gaza, y ella responde lo que diríamos todos: «¿Cómo voy a saberlo? El futuro es incierto». No podemos imaginar ni mínimamente cómo serán los próximos días, ni siquiera las próximas horas.

Después de la entrevista, las chicas me acompañan mientras deambulo por el hospital. Voy mirando fijamente a los ojos de la gente con la que nos cruzamos. Hacerlo se está convirtiendo en un hábito melancólico.

De pronto el hospital se ve aún más abarrotado que antes. Los médicos entran en pánico, están empezando a llegar heridos masivamente: montones de heridos, muchos más que camas y demasiados como para que el personal pueda atenderlos adecuadamente. Hay niños llorando de dolor y adultos gritando de agonía. No tengo ni idea de qué ha pasado, pero la situación es grave. Intento ayudar, tratando de identificar a los niños anónimos que otros desconocidos han encontrado bajo los escombros y traído al hospital. Publico en mis redes sociales información sobre dos de los niños y sus familias vienen a recogerlos.

Resulta que han bombardeado un edificio próximo al hospital. Estar en un hospital en un momento de urgencia tan apremiante, y tan explícita, es algo surrealista. Si bien esta no es la primera Agresión que ha sufrido Gaza, lo que está ocurriendo ahora no tiene nada que ver con ninguna otra cosa que yo haya vivido antes. No sé cómo voy a poder mantener la cordura.

Media hora después el ambiente en el hospital empieza a calmarse. Pero justo cuando pensaba que el día ya no podía empeorar, me entero de que Ameer se ha desplomado. No respira y está sudando profusamente. Por un momento creo que se está muriendo y se me cae el alma a los pies. Pero no es eso lo que ocurre, esta es la reacción de su cuerpo al dolor. Me entero de que Israel ha matado a los primos de Ameer.

Quiero ir a ver cómo está la familia que conocí ayer, e intentar dormir un poco antes de que vuelva a ocurrir algo malo. En mi cabeza, si cierro los ojos y me duermo, también lo harán las FOI. En todo caso, es mejor morir de día, es más fácil para los paramédicos identificarte.

La visita a esa familia resulta ser una gran decisión. Se alegran mucho de verme y quieren saberlo todo sobre mi día. Luego empiezan a contar historias de sus propias vidas. Hana'a es entrenadora de tenis y, después de la Agresión, se ofrece a darme clases a cambio de que le haga publicidad en Instagram. El trato es fantástico, y voy a obligarla a cumplirlo. Tomamos té y seguimos las noticias, con el deseo desesperado de encontrar algo positivo. No lo conseguimos. Pero me encanta que estemos haciendo planes para después de la Agresión, me da esperanza de que todo acabe pronto.

Quiero terminar el día de hoy con un pensamiento positivo y decir que siento un agradecimiento enorme por la gente de Gaza. Creo de verdad que la gente más amable es la más poderosa. Es una suerte conocer a Leen y Lara y haber podido pasar un rato con ellas hoy, y es una suerte haberme cruzado con Hana'a y su familia y que me traten como a otra familiar a la que conocen desde siempre.

Termino el día riendo a carcajadas. Estamos todos intentando dormir, pero no podemos. De pronto la pequeña Dana dice que no puede dormir porque no deja de pensar en un burrito herido que ha visto en unas fotos ese día. No sé por qué, pero a todos nos da la risa. Alguien le dice que intente dormirse, y otra hace un comentario sarcástico sobre compadecerse así de un burrito cuando ella misma está desplazada en un hospital; eso provoca otra carcajada general.

Nos pasamos riendo unos buenos cinco minutos antes de volver a intentar dormir, todos con el corazón invadido de miedo por lo que pueda ocurrir.

## Viernes 13 de octubre (día 7)

*Sitting in a corner of a hospital,*
*Trying to write a poem.*
*But a child is crying.*
*A cat is wandering.*
*A young girl is screaming.*
*Doctors are panicking.*

*And the sound of bombs?*
*Only getting closer.*
*As the mother rocks her crying child,*
*Waiting for sleep to take his eyes,*
*He asks for time.*
*His mother, looking at the sky:*
*Two stars and a drone.*
*In the blink of an eye,*

*All that's left is*
*Darkness and drones.*

*I remain, sitting in the corner*
*Alone, with a spider*

*Trying to write a poem.*

*But it has already written itself.**

Cuando me despierto, descubro que Israel ha emitido un aviso para todos los palestinos del norte de Gaza, deben marcharse al sur en menos de veinticuatro horas, lo cual es casi imposible. ¿Cómo van a evacuar aproximadamente 1,1 millo-

* Sentada en un rincón de un hospital, / Intento escribir un poema. / Pero hay un niño llorando. / Un gato deambula. / Grita una niña. / Los médicos, en pánico. / ¿Y el ruido de las bombas? / Cada vez se oye más cerca. / La madre acuna a su hijo, que llora, / Esperando a que el sueño se lleve sus ojos, / El niño pide tiempo. / Su madre mira al cielo: / Dos estrellas y un dron. / En un parpadeo, / Solo queda / Oscuridad y drones. // Yo aquí sigo, sentada en el rincón / Sola, con una araña / Intentando escribir un poema. // Pero ya se ha escrito solo.

nes de personas cuando apenas hay coches que sigan funcionando? No tenemos gasolina. ¿Y adónde se supone que debemos evacuar? ¿A una tienda de campaña? No todo el mundo tiene familiares o amistades en el sur.

Emerjo del rincón donde descanso con la familia de Hana'a y voy a dar una vuelta por el hospital, intentando dar cuenta de la situación y hacerme una idea de lo que piensa hacer la gente. Irónicamente, todo el mundo empieza a preguntarme a mí —puesto que soy periodista— qué me parece que sería mejor hacer y qué expectativas veo. Aunque no llevo puesto el equipo, supongo que así es como me identifica la gente ahora. Creen que tengo alguna clase de acceso privilegiado a la información. No saben que, a veces, mi acceso secreto a la información son ellos mismos: la población civil.

El otro día me llamó Yara y me preguntó si sabía si habían bombardeado un edificio de viviendas. Por pura costumbre, le pedí que me diera más detalles para poder publicarlo en redes e informar a la gente. Era ella quien me estaba haciendo el *fact checking* a mí y no yo a ella.

Escapé del interrogatorio de la gente refugiándome en la habitación de la familia de Leen. Están perdidos y asustados, sobre todo por el hecho de que Khalid esté herido. Y, en ese momento, tomamos una decisión muy palestina: decidimos dejar el pánico en pausa y desayunar juntos, puesto que podría ser nuestro último desayuno en el norte de Gaza. No es la primera vez que doy gracias porque el pequeño restaurante de falafel que está delante del hospital siga abierto.

No conozco al dueño del falafel, pero merece todo mi respeto. En el caos surgen héroes improbables.

Tras una larga conversación con Heba, decido ir a buscar a mi familia a casa de Rasha. Si vamos a morir, es mejor que muramos todos juntos, pienso. Heba decide que lo que hará es, o bien quedarse en el hospital con su familia y esperar que suceda lo mejor, o, si puede, irse con sus padres, que se niegan a dejar su casa, también en el norte.

Nos quedamos sentadas en silencio, hasta que lo rompe el padre de Leen: «Si morimos —dice—, la nuestra será una muerte honorable».

Esta frase es la última gotita que colma el vaso. Me derrumbo. Llevo intentando contener las lágrimas desde la orden de evacuación (soy reportera, si me echo a llorar, la gente se asustará aún más, así que debo controlarme), pero cuando el padre de Leen dice esto, se me rompen las compuertas del llanto. Es todo demasiado real y la realidad me golpea brutalmente.

Al rato salgo de su habitación y bajo a comprobar si hay cobertura. He estado intentando llamar a mi madre y a Mohamed, pero no hay manera de conectar con ellos.

Al hospital está entrando más gente de la que sale; no saben adónde ir ni qué hacer. Veo a Ameer y me dice que, mientras en el hospital haya pacientes y personas resguardadas, la Media Luna Roja Palestina se quedará allí y que, si hay que evacuar, serán los últimos en irse.

A mí me pasa una cosa que es que no suelo llorar, pero cuando empiezo a llorar, no puedo parar. Estoy viendo a muchísima gente desplazada llegando sin cesar al hospital y todos me hacen un sinfín de preguntas que no sé responder. Sigo sin poder contactar con mi madre, Mohamed ni Hatem, pero sí tengo internet, así que me están llegando al teléfono un aluvión de peticiones de entrevistas y mensajes. Estoy tan sobrepasada que me paso llorando más de treinta minutos. Estoy atrapada en un hospital, esperando una muerte colectiva. Y, sinceramente, nunca quise morir desplazada en un hospital.

Motaz Azaiza, un colega periodista que conocí por Instagram antes de que empezara todo esto, aparece de no se sabe dónde y grabamos un vídeo juntos explicando lo mal que se está poniendo la situación y que no tenemos ni la más remota idea de lo que se supone que deberían hacer ahora mismo las más de un millón de personas que hay en el norte de Gaza. Cuando Motaz y yo conectamos, inicialmente, hicimos planes para organizar una sesión de fotos junto al mar, y ahora estamos grabando vídeos sobre el desplazamiento. Al menos es una distracción.

Sigo intentando dar con Mohamed, ninguna suerte. Llamo a algunos conductores profesionales que conozco, pero o bien tampoco consigo contactar con ellos o están ya con sus familias, intentando evacuar. Por fin doy con mi madre; le digo que estoy buscando un taxi y que iré a por ella en cuanto pueda.

La situación en el hospital sigue poniéndose cada vez peor. No tengo espíritu ni para trabajar, ni para hacer *vlogs* ni entrevistas. Estoy hastiada del periodismo; estoy esperando la muerte y me cuestiono todas las decisiones que he tomado en mi vida. Lo único que tengo en la cabeza es que es solo cuestión de tiempo hasta que Israel bombardee el norte de Gaza y muramos todos.

Entonces me pregunto si es así como quiero pasar lo que podrían ser las últimas horas de mi vida y cojo el móvil y empiezo a escribir a todas mis amistades. Me quito el chaleco y el casco de prensa, y subo una foto a Instagram, junto con un texto sobre lo que estoy pensando:

> Siempre he amado el periodismo, y a Palestina, y me alegra haber podido contarle al mundo una parte de la verdad, o parte de lo que está pasando…

> Sigo en el hospital. He intentado evacuar e ir a casa de mis padres, pero no consigo encontrar coche ni taxi y tengo que caminar como una hora o más. No tengo ninguna energía y me duele un montón la espalda por llevar el chaleco de prensa, que estoy segura de que no me protege de nada, pero al menos me da la sensación de que yo he hecho lo que debía por protegerme. Además, he perdido la señal del móvil, no puedo llamar ni enviar mensajes a nadie, pero en el hospital aún hay internet, así que puedo publicar esto.
>
> Aún queda tiempo antes de que se haga de noche. Seguiré intentando encontrar alguna posibilidad y os mantendré informados si puedo.
>
> *Se me van a llenar los DM y WhatsApp con mensajes para pedirme entrevistas, pero obviamente este no es un buen momento y, además, sinceramente, todo parece un sinsentido. Todo lo que necesitáis saber ya está en mi Instagram.

Poco después de subir este post me llama el primo de mi madre y me dice que hay un taxi blanco esperándome fuera y que más me vale darme prisa o se marchará. Cojo mis cosas, me despido de todo el mundo lo más rápido que puedo y me voy. No hay tiempo para subir una actualización a mis redes sociales, el primo me dice que se lo contará él a mi madre y siento un agradecimiento infinito.

Me impacta lo que veo en las calles de camino a casa de Rasha. Gente que simplemente ha echado a andar, caminando, caminando y caminando, con toda su vida cargada en maletas. Veo ante mis propios ojos producirse la Nakba de 1948, tal como me la describió un día mi abuelo. Me acuerdo de todo lo que me explicaba, cómo lo echaron a la fuerza de su hogar y que el objetivo de Israel era la limpieza étnica de Palestina, limpiarla de palestinos. Y ahora estoy viéndolo con mis propios ojos. ¿Dónde va a ir toda esta gente?

Llego a casa de Rasha y le pago al taxista el triple de la tarifa normal. Funcionamiento básico de la economía: cuando la demanda es alta y la oferta escasa, los precios suben. También durante una Agresión. Pero no me quejo, he tenido muchísima suerte por encontrar un coche.

Por fin estoy con mi familia. Paso el resto del día alternando entre un sueño inquieto y pasar el rato con ellas. Estoy cansada y enferma de inquietud. No tenemos internet y apenas señal telefónica. No puedo más.

## Sábado 13 de octubre (día 8)

Hoy me levanto y, al poco, me siento famosa: me ha llamado *khalo* para decirme que ha visto mi Instagram.

¿Sabéis ese familiar *supercool* que hay en todas las familias que vive en el extranjero y siempre se va de vacaciones a sitios fantásticos? ¿Ese al que admiran todos los jóvenes de la familia? En mi familia, ese es el *khalo* Khaled, el hermano pequeño de mi madre (la palabra *khalo* significa «tío materno»). Cuando mamá ya estaba casada y con hijos, *khalo* estudiaba un máster en Egipto y volvía siempre a Gaza cargado de regalos. Al día siguiente de su llegada, yo iba al colegio como si fuera a desfilar en una pasarela de moda, luciendo todo lo que me había traído.

Luego se graduó, empezó a trabajar y, básicamente, se hizo adulto. En 2014 se casó en Jordania con una mujer llamada Reeman. No pudimos ir a la boda. Lo teníamos todo planeado, pero empezó una Agresión y cerraron las fronteras. La última vez que lo vi fue en 2021, cuando fui a visitarlo en Dubái. Yo tenía dieciocho años y seguía estudiando en la universidad. Y él seguía siendo el tío *cool*. No había cambiado nada. Hasta que…

Nos cuenta que se han disparado los seguidores en todas mis redes sociales y que todo el mundo se está preguntando en los comentarios si estoy viva o muerta. Me insta a que intente conectarme a internet y actualice mi muro. Le explico que no hay forma de conectarse y que sigo sin poder contactar con ninguno de mis compañeros para tener una idea más clara de la situación. Le digo que ni siquiera sé si todavía siguen trabajando.

Dejando al margen por un segundo la horrible realidad, me doy cuenta de que ahora me he convertido en la persona más *cool* de la familia. Lo siento, *khalo*, se acabaron tus días. Ahora mis primos pueden fardar de su prima reportera que está informando en directo desde una Agresión. No estoy hablando en serio, obviamente, pero no se puede negar que, en términos objetivos, es más interesante ser reportera en Gaza que ortodoncista en Dubái.

Lo de ser famosa me pone contenta durante unos siete segundos. Después me empieza a golpear la realidad. ¿Esta es mi vida ahora? ¿Estar desplazada en casa de una amiga con la espalda echa polvo? ¿Conseguiré volver a contactar con mis compañeros alguna vez y volver a hacer periodismo o me quedaré atrapada en este sitio que ni siquiera es mío? La verdad es que pensaba que a estas alturas ya me habrían matado; una parte de mí no puede creerse que aún siga viva.

Por lo menos hay comida. Por fin consigo dar con Mohamed. Ahora está dedicado a evacuar a su familia, pero él también ha estado intentando dar conmigo. Le cuento mi ubicación y le digo que venga mañana si puede, y así planeamos cómo podríamos trabajar.

## DOMINGO 15 DE OCTUBRE (DÍA 9)

En la Franja de Gaza no tenemos el lujo de poder planificar nuestros días. Si quieres, puedes intentar hacer los planes que sean, pero luego llegará Israel con su propia agenda. Mis planes para el noveno día consisten en volver al trabajo con Mohamed. Son bastante simples. Levantarme, que venga Mohamed a recogerme, trabajar y, después, que Mohamed vuelva a dejarme en casa de Rasha. ¿Qué podría torcerse?

No consigo dar con él. Han pasado horas y no sé si está bien.

Al final aparece cuando ya es casi de noche. Estuvo toda la mañana sin poder trabajar. Tuvo un problema con las ruedas del coche porque las calles están llenas de escombros y piedras. Así que se ha pasado la mitad del día buscando dónde arreglarlo y la otra mitad en busca de gasolina. Quedamos en intentarlo de nuevo al día siguiente, traerá también a Hatem. De ahora en adelante, trabajaremos juntos los tres.

Esa tarde la paso explicándole a mamá que, una vez que me marche para trabajar, ya no voy a volver a casa de Rasha. Mohamed y yo hemos pensado que es mejor que me vaya a casa de unos familiares lejanos en Khan Younis.

En Palestina, la mayoría de las familias mantienen una relación enormemente estrecha. Lo habitual es que los padres construyan casas para sus hijos encima de la suya propia, y allí se instalan los hijos cuando se casan. Esto es lo que hicieron mis abuelos con su casa en Khan Younis. Mis abuelos viven en la planta baja, y encima hay tres anexos para mis tíos y mi padre. La parte de mi padre no está amueblada porque mi madre trabaja en la ciudad de Gaza, y la *teta* también vive aquí. Como *baba* trabaja en el extranjero y mi hermano Ahmed está estudiando en Canadá, lo que tenía sentido para nosotras era quedarnos aquí.

Mi hermano es un año mayor que yo, pero yo me he graduado antes que él porque soy más lista. Ahmed lleva encima una pachorra que me pone de los nervios. Yo vivo como si estuviera en una carrera contra el tiempo y él vive como si fuera una bailarina, flotando por el mundo sin preocupación alguna. No le agobia lo que pueda tardar en graduarse. Podría llevarle cuatro o cinco años y le parece estupendo. Lo único que le importa es que, a su debido tiempo, se graduará, empezará a trabajar y pasará por el mismo ciclo vital que el resto del mundo, así que ¿para qué las prisas?

También es así cuando va a salir. Si se nos hace tarde, a mí me verás correteando de un lado a otro de la casa en busca de una cosa y otra, mientras Ahmed hace las cosas A PASO DE TORTUGA porque —otra vez esa frase— ¿para qué las prisas? ¡Si llegamos tarde tampoco es el fin del mundo! Esto no lo digo yo, lo dice él. En fin, basta de hablar de Ahmed. Es tranquilísimo, pero detesta que la gente hable de él. Prefiere una cosa llamada «privacidad», que es un concepto que yo todavía ni sé manejar ni entiendo. Uy.

A mi madre le da miedo que me separe de ella, pero le explico que de lo que tiene miedo el resto de la gente de Gaza es de que los periodistas sean un objetivo prioritario para las FOI y que yo no quiero que nadie sienta que está poniendo su vida en peligro al acogerme. Esto incluye también a Rasha, por muy buena amiga que sea. Sí puedo tener la seguridad de que cuando mis tíos de Khan Younis me dicen que lo entienden y que están orgullosos de mi carrera y de mi coraje (en sus propias palabras) están hablando en serio y no lo dicen solo por cortesía. Además, Khan Younis supuestamente debería ser más seguro que esto, el norte, al menos según las FOI.

Mi hermana me ayuda a convencer a mi madre de que tengo que marcharme, le dice que es fundamental para mi trabajo. Judy es una chavala de diecisiete años que lo que quiere es fardar ante sus amigas de que su hermana es una reportera famosa que trabaja sobre el terreno... cosa que es totalmente fantasía suya, pero a mí me vale igual: apoya mi causa.

Al final mi madre no tiene más opción que aceptar mi plan. ¿Qué otra cosa iba a hacer? Si me quedo, no voy a hacer más que refunfuñarle todo el día por no estar trabajando y, posiblemente, hacerle la vida más difícil de lo que podría el mismo Israel.

Mi madre es una mujer inteligente. Toma la decisión correcta.

## Lunes 16 de octubre (día 10)

Me despierta el sonido del claxon de un coche. Son Mohamed y Hatem. Me visto a toda prisa, agarro el chaleco de prensa y el casco. Me despido de quienes ya están despiertos y me voy. Sé que el día que me espera es impredecible.

Mi prioridad número uno, aparte de no morir, es conectarme a internet para poder actualizar mi Instagram. Vamos al Hospital Shuhada al-Aqsa, en Deir al-Balah, donde hay una «Zona de Prensa» en la entrada. Los periodistas pueden trabajar, cargar sus teléfonos y tener un limitado acceso a internet. No es nada del otro mundo: solo un rincón con unas pocas sillas y muchas cámaras y periodistas, pero es de agradecer.

Grabo rápidamente una actualización para mis seguidores. Les cuento que estoy viva y que llevo dos días sin internet. Publico el vídeo sin revisar mis mensajes (no tengo tiempo) y me voy inmediatamente a buscar a Mohamed por el hospital. Tenemos que trabajar cuando podemos. Él empieza a grabar, y mi tarea consiste en realizar entrevistas. Normalmente se me da muy bien, pero a veces estoy demasiado impresionada como para encontrar las preguntas adecuadas. Apenas tengo espacio para moverme por el hospital. Está abarrotado, personas desplazadas y heridas se amontonan por los pasillos, no hay suficientes camas para todos. Me parece que debería empezar a acostumbrarme a ver los hospitales así.

Más tarde me llama la madre de una amiga y, desolada, me dice que mire mis redes sociales, X en particular. La máquina de la propaganda israelí se me ha echado encima y se ha puesto a hacer escrutinio de mi colgante. Es un colgante que ha pasado de generación en generación. Mi tía se lo dio a mi madre, y mi madre me lo dio a mí un par de años antes de que comenzara esta Agresión. Lo llevo siempre puesto. Tiene la forma de Palestina y lleva grabada la bandera palestina y la palabra «Palestina» escrita en árabe. Es precioso y muy especial para mí.

La propaganda israelí está diciendo que no soy periodista y que, en realidad, soy miembro de Hamás. Sionistas e israelíes están publicando posts hablando de mi colgante y diciendo que es el collar de «aniquilar a Israel». Ni siquiera sé qué quieren decir.

¿Qué demonios significa «aniquilar a Israel» en el contexto en el que me encuentro? En Gaza, el sistema sanitario está al borde del colapso. Las autoridades sanitarias están utilizando camiones frigoríficos de helados para almacenar los cuerpos de los palestinos víctimas de los ataques aéreos. Es demasiado peligroso llevarlos a los hospitales y no hay espacio ya ni en los cementerios ni en las morgues. La Oficina de Naciones Unidas para la Coordinación de Asuntos Humanitarios (OCHA) ha afirmado que la previsión es que las reservas de combustible de todos los hospitales de Gaza se agoten por completo en solo veinticuatro horas.

No dejo de repetir que la situación está cada vez peor, pero es que es así. No puedo entender cómo es posible que los israelíes tengan la capacidad de tergiversar la verdad sobre lo que está pasando, ni por qué el resto del mundo, por lo que se ve, les cree. Lo que está haciendo Israel es puro *gaslighting*: se comporta como si tú fueras una histérica exagerada, cuando la verdad es que él es un hombre tóxico que, cuando cuestionas sus acciones, siempre le da la vuelta a la tortilla y te dice que estás loca, que te inventas las cosas.

Intento no pensar en los horrores que me rodean, como el hecho de que siga habiendo palestinos desaparecidos bajo los escombros o la absoluta escasez de suministros médicos. Me concentro en mi cara. Me han salido unos eccemas y también en otras partes de mi cuerpo. Creo que es un sarpullido. ¡Y me pica muchísimo! Todo el rato tengo ganas de rascarme cuando estoy hablando con la gente, pero no quiero que piensen que tengo sarna. Y no puedo ir a contárselo a un médico; están todos dedicados a atender amputaciones, quemaduras y otras lesiones graves. Me sentiría ridícula robándole tiempo a un médico para hablar de un sarpullido.

Tendré que aguantarme como pueda.

Vuelvo a casa de mis abuelos en Khan Younis y paso el anochecer charlando con mis primos hasta que nos dormimos.

## Martes 17 de octubre (día 11)

Cada día me despierto —cuando he podido dormir algo— sin saber qué esperar.

He adquirido una especie de rutina. Mohamed y Hatem me recogen y encaramos juntos nuestro incierto día en Gaza. Pasamos la mitad del día informando y la otra mitad en busca de cosas que deberían estar disponibles con normalidad.

Comida. Agua. Refugio.

Las necesidades básicas. Lo que todos los seres humanos y cualquier animal necesitan para sobrevivir. Hoy, en Gaza, cualquiera de esas tres cosas es un lujo y un privilegio. Para beber agua, hay que hacer cola durante horas. Para encontrar comida, hay que buscar en mercados desabastecidos con la esperanza de encontrar algo asequible. ¿El refugio? Si tienes suerte, o bien conoces a alguien que aún viva en una casa o bien encuentras una tienda de campaña en algún sitio. Si no, duermes en tu coche. O en el de un amigo. E intentas no moverte, porque es muy difícil encontrar gasolina y es mucho más cara de lo normal. Así que se han acabado formando zonas de desplazamiento; por ejemplo, el parque de detrás del Hospital al-Shifa está ahora mismo lleno de tiendas de campaña y de coches que se usan como refugio. No quiero que esto se convierta en algo normal. Me niego a aceptar que esto es ahora mi vida.

La Franja siempre ha estado superpoblada, pero al menos esa población está dispersa por varias zonas. Ahora, con las FOI instando constantemente a los palestinos a que evacuen sus hogares, hay zonas que se están poniendo peligrosamente superpobladas. Hoy Israel ha bombardeado el Hospital Bautista al-Maamdani. Es la primera vez que atacan directamente un hospital. Espero que el doctor Ghassan esté bien. Es un cirujano plástico reconstructivo del hospital. Si los médicos empiezan a resultar heridos, ¿quién atenderá a los heridos? Al doctor Ghassan lo conocí el cuarto o quinto día de la Agresión, en al-Shifa. Percibí inmediatamente su coraje y el cuidado que dedicaba a sus pacientes. Me impresionó. Ahora, cada vez que nos encontramos en las cercanías de un hospital donde está él, voy a verlo. Si estoy exhausta de trabajar sobre el terreno y de mal humor, el doctor Ghassan me anima al instante. De pronto ya no noto el cansancio. Es ese tipo de persona. Y ahora quizá esté muerto.

En Gaza, el trauma tiene muchas capas y niveles. Ya no sé sobre qué debo arrojar luz, sobre qué debo escribir ni qué sentir, ni como periodista palestina ni como ser humano. Las FOI Israelíes han matado a cientos de personas en al-Maamdani, la mayoría mujeres y niños; el doctor Ghassan me contó que en el parque que hay detrás del hospital se veían piernas y manos sueltas, sin cuerpo. No puedo entender cómo pueden atacar un hospital lleno de personas heridas y desplazadas. Parece que no hay ni una línea roja.

Me da vergüenza admitirlo, pero una parte de mí se alegra de que al-Maamdani haya sido bombardeado, porque eso podría suponer el fin de la Agresión. Después de atacar un hospital, ¿qué es lo siguiente? ¿Qué más te queda por destruir? ¿Qué otras vidas puedes convertir en tu objetivo?

Espero despertar mañana y que todo haya terminado.

## Miércoles 18 de octubre (día 12)

Me despierto y no todo ha terminado.

Lo que ha terminado hoy es la «guerra». Esto no es ya una Agresión; es un Genocidio. No hay otra palabra para calificar la magnitud de la violencia que estoy viendo.

Empiezo el día en al-Maamdani, que ayer fue bombardeado. Otro centro sanitario, otro servicio fundamental para la supervivencia humana, destruido por las FOI. Puedo ver dónde cayó el misil. Se ve clarísimo. Veo todos los daños, los vidrios de las ventanas hechos añicos y regados por todo el patio, los coches quemados y abandonados. Veo a otros reporteros conteniendo las lágrimas, respirando hondo, intentando recomponerse y reunir fuerzas para grabar sus reportajes. Veo a personas que ayer estaban aquí presentes durante la masacre; me gustaría poder decir que no son más que un cascarón vacío, que se les ha concedido el mísero lujo de entrar en estado de *shock*, pero ni siquiera es así. Se muestran prácticos, están rotos, y han vuelto para buscar sus cosas.

Aquí hay una iglesia. Las pertenencias de la gente siguen donde las dejaron. En el suelo, hay un sándwich con un único mordisco. Pienso en la persona que se lo estaba comiendo. Una más de la población civil desplazada, una persona que se había refugiado en la iglesia de un hospital, hambrienta y tratando tan solo de sobrevivir. Y que, en el mejor de los casos, tuvo que salir huyendo cuando comenzó el bombardeo, obligada a hacer caso al miedo por encima del hambre. Quizá murió más tarde, hambrienta y abandonada al polvo del olvido por el resto del mundo, un mundo que sigue manteniéndose impasible, complaciente y permitiendo que los israelíes cometan un Genocidio y salgan indemnes de ello.

Porque la situación ahora es así. El mundo ya no puede seguir pretendiendo que aquí hay dos bandos. No hay humanidad, ni equidad, ni rastro alguno de justicia. Es una limpieza étnica calculada, deliberada y despiadada, y a nadie parece importarle lo más mínimo.

¿Por qué vivimos en un mundo que ha normalizado el Genocidio? En la iglesia, bajo los escombros, veo un biberón lleno de leche. ¿Qué le habrá pasado a esa criatura? ¿Qué le dirían sus padres? ¿Que así es como se oyen los truenos en una tormenta?

Ayer había cientos de personas desplazadas refugiadas en este parque del hospital. No tenían otro sitio adónde ir y creyeron que un hospital sería el lugar más seguro. Imagínate por un momento en su lugar. Estás desplazado, viviendo en una tienda de campaña en un parque, y, sin previo aviso, Israel te dispara un misil directamente. La mayoría de las veces te atacan con un dron, una máquina a distancia que luce el logotipo de una compañía armamentística estadounidense. Y entonces, o mueres, o sobrevives con la visión de los asesinados y mutilados, con los miembros amputados. Esa es tu vida.

Después voy a al-Shifa; también está desbordado, lleno de personas desplazadas y de heridos tirados por cualquier lado como restos de un naufragio, flotando dondequiera que encuentren algún agarre. Me adentro en el hospital buscando al doctor Ghassan y, aliviada, descubro que está ileso. Estoy aquí para entrevistarlo como testigo presencial de la masacre de ayer.

Todo lo que veo empieza a desencadenarme un alud emocional. Hay prendas de ropa colgadas por las barandillas del hospital. Empiezo a imaginarme la historia que puede guardar cada una de ellas. Veo un vestidito malva y pienso que en su día quizá fuera el traje de una niña para el Eid, en los tiempos felices, y que ahora es su uniforme de desplazamiento. Veo una camisa formal de hombre: quizá era una que usaba su padre para ir al trabajo y quizá él ahora esté muerto.

La voz de Mohamed interrumpe el curso de mi imaginación. «Hemos llegado. El doctor Ghassan está en esta sala». Estoy nerviosa —¿qué se le puede preguntar a un médico que ha presenciado la masacre de su hospital?—, pero él me tranquiliza enseguida. A pesar de las capas y capas de trauma que se pueden ver en sus ojos, tiene la capacidad de hacer que te sientas cómoda sin pronunciar una sola palabra. Hacemos la entrevista; es dolorosa, pero transcurre sin contratiempos.

Cuando terminamos, pensando que no puedo vivir con el picor de mi sarpullido para siempre, le pido su opinión. Me dice que es la ansiedad, que me sale por la cara, y me da una crema. Yo me siento un poco mal por estar consultándole al doctor Ghassan por una afección cutánea leve cuando él está en esos días atendiendo a diario a niños heridos y con amputaciones, pero a él no parece importarle. Imagino que ambos necesitamos una distracción después de haber mantenido una conversación sobre cómo abordar la búsqueda de miembros amputados de niños en un parque bombardeado.

Después, Mohamed, Hatem y yo vamos en busca de comida y conexión a internet para subir nuestro trabajo. Fuera del hospital no se está mucho mejor que dentro. La gente intenta seguir con su vida diaria, lo que, en un Genocidio, significa simplemente tratar de sobrevivir y rescatar lo que se pueda. Ante un pozo, hay una fila larguísima de gente con bidones para llenarlos de agua. Hay un hombre de unos cuarenta y tantos años vendiendo ropa en la calle; supongo que tenía una tienda que ha caído bajo las bombas y ha rescatado lo que ha podido para intentar hacer algún dinero.

En el mercado encuentro palomitas de maíz y me las llevo a «casa», para mi familia. Cuando vemos películas, por la noche, solemos hacer palomitas. Eso es otra cosa que me han robado: ¿volveré alguna vez a sentarme a mirar películas y comer palomitas con mi familia? Me paso el rato como desconectada. Es como si mi vida se hubiera convertido en la película, pero una película que no debería haberse rodado nunca, una película que yo jamás vería, pero en la que, no se sabe cómo, he acabado interpretando un papel protagonista. La víctima colateral que solo pasaba por allí. ¿Es real esto que está pasando? ¿Es esta ahora mi realidad?

Una cosa que me gusta de mí es que tengo la capacidad de desincronizar mi mente y mi corazón. Todos los días se me parte el alma por el trauma y el dolor que contemplo a mi alrededor. Y quiero llorar, pero lo que me dice mi cerebro es que no tengo tiempo para eso. Debo informar sobre lo que está pasando, es la única forma de ayudar. Así que le digo a mi corazón que se espere, y escucho solo lo que mi cerebro me dice que haga. Y eso es lo que hago. Día tras día. Piloto automático. Sigo comiendo palomitas, contándole historias a mi familia sobre lo que he visto hoy.

## Jueves 19 de octubre (día 13)

*I asked my friend*
*Can't you postpone your crying?*

*He answered, with tear-filled eyes:*
*No, I don't have time to cry tomorrow.*

*Life is a race,*
*And I am tired*
*Of chasing time*
*That kills everything left in me.*

*Time is chasing me, and I am chasing it.*
*I can't stop to catch my breath,*
*Because it never stops.*

*I told time: I am tired too,*
*Of waiting for things that never comes to pass,*
*For mail that doesn't arrive,*
*And phones that don't ring.*

*Time is killing every hope within me.**

Ahora me detengo mucho a mirar las cosas con atención y me pregunto si será la última vez que las vea. Bebo agua y me paro antes de saciar mi sed, porque no sé cuándo volveré a encontrar agua fácilmente. Le hago una foto a la botella, pensando que quizá pronto se convierta en un recuerdo. No salgo de casa sin tomarme un tiempo para observar detalladamente a

* Le pregunté a mi amigo: / ¿No puedes posponer el llanto? // Me respondió, con los ojos llenos de lágrimas: / No, no tengo tiempo para llorar mañana. // La vida es una carrera, / Y estoy cansado / De perseguir el tiempo / Que está matando todo lo que queda en mí. // El tiempo me persigue, y yo lo persigo. / No puedo detenerme ni a tomar aliento, / Porque él nunca se detiene. // Y yo le dije al tiempo: yo también estoy cansada, / De esperar cosas que nunca suceden, / De cartas que no llegan, / Y teléfonos que no suenan. // El tiempo está matando toda la esperanza que queda en mí.

todos los miembros de mi familia, tratando de empaparme todo lo que pueda de ellos, por si acaso no puedo volver a hacerlo.

Empezamos el día buscando gasolina. Para cuando damos con una gasolinera aún abastecida, la fila de gente ya se pierde calle abajo. Pero cuando les contamos que somos periodistas, nos dejan saltarnos la cola. Luego vamos a buscar pan. Otra fila. De hecho, dos: una para hombres y otra para mujeres. Ambas infinitas. Estos días la gente echa horas para comprar el pan; es parte de su rutina. Y a veces, justo cuando te toca, se acaba.

Es una pesadilla. Creo que no se ha hablado lo suficiente del tiempo que lleva conseguir cualquier cosa básica durante un Genocidio, pero en eso consiste la experiencia cotidiana de vivirlo. Las colas son largas, la gente está hambrienta y cansada, y la frustración de no poder comprar algo tan simple como pan es, en sí misma, un trauma. He pasado medio día —la mitad literal de mi día— intentando conseguir gasolina y carbohidratos. No hay ser humano que pueda aceptar algo así como una situación normal, en ninguna circunstancia.

Al final vamos hasta una escuela de la UNRWA cerca del paso fronterizo de Rafah. Está llena sobre todo de personas que tienen la fortuna de tener doble nacionalidad y que están esperando que sus gobiernos los incluyan en una lista que les permita salir de Gaza en cuanto vuelvan a abrirse las fronteras de Rafah. Pasamos el tiempo charlando con ellos, confesándonos mutuamente nuestro miedo a la incertidumbre y a un trauma aún mayor.

La escuela está llena de historias de gente que vino a visitar Gaza después de años de exilio —personas que se vieron obligadas a huir en 1967 o durante una Agresión— y que se ha visto atrapada aquí al empezar el Genocidio. Conozco a una pareja mayor que habían vuelto a Palestina por primera vez en décadas, tras haber sido expulsados por los mismos israelíes que ahora los mantienen confinados y les impiden salir. (Digo «mayor»... tienen como cincuenta años. Pero tienen nietos, así que eso, en mi cabeza, los convierte prácticamente en ancianos). Están preocupados por sus hijos, porque no tienen red móvil ni conexión a internet para decirles que están a salvo. Me cuentan que es probable que sus hijos estén pensando que ambos están muertos. Esa es otra instancia completamente nueva de trauma que no se me había ocurrido considerar.

Soy consciente de lo importante que es documentarlo todo, y jamás podré subestimar el valor que encierra compartir con el mundo lo que está sucediendo aquí, pero hoy me limito a sentarme a escuchar a la gente, sin grabar ni anotar nada. Están aterrorizados. Aterrorizados de todo. Y quizá lo último que necesitan es que un periodista les ponga una cámara en la cara. Y yo respeto su miedo. ¿Qué ha hecho por ellos la prensa internacional? Así que me siento, escucho, e intento abrir un canal para su voz.

Como siempre, la gente que nos vamos encontrando piensa que estamos enterados de todo, porque somos periodistas y tenemos información actualizada. Pero ni siquiera tenemos internet. De todos modos, la gente nos sigue preguntando sobre las fronteras, si están abiertas o si llega ayuda humanitaria. Vamos a comprobarlo, pero el paso está cerrado.

Sin embargo, sí encontramos algo positivo. Hay una cafetería que, milagrosamente, sigue abierta y nos hacemos con unas galletas. ¡GALLETAS! Jamás imaginé que unas galletas me harían tan feliz, pero mírame. Para todo hay una primera vez. Guardamos algunas en el coche, para emergencia, y cada uno nos llevamos unas cuantas para nuestras familias.

Después de un larguísimo día disfruto de unos momentos de paz en casa de mi tío con mi familia. Hoy, mamá, Judy y mi tía han viajado desde al-Zahra para venir a verme a Khan Younis.

Hacemos té, mojamos en él las galletas e intentan darme cierto margen antes de empezar a interrogarme por las últimas noticias. Pero no pueden no preguntar. Gaza es pequeña, pero si no sales de tu casa (o de tu tienda de campaña) enseguida empiezas a tener sensación de aislamiento, porque no hay internet ni señal telefónica, y el sentimiento colectivo de miedo es como una peste que se extiende por las calles.

Así que respiro hondo, dejo a un lado el té y las migajas de alegría a las que he conseguido aferrarme hoy, y empiezo a darles mi informe en serio.

## Viernes 20 de octubre (día 14)

Creo que tengo un nuevo superpoder: soy capaz de funcionar sin dormir.

Con todo lo que ha estado pasando, no he dormido apenas. Casi cada noche, cuando cierro los ojos, no puedo evitar revivir las historias que me han contado todas las personas con las que he hablado. Me atormenta el llanto de los bebés. En mi cabeza habitan permanentemente las imágenes de niños heridos y amputados. He acabado preguntándome si es mejor la consciencia o el sueño. Ambas cosas son una pesadilla, y no sé cuál de las dos es real.

Cada día intento descansar, y cada día abro los ojos para descubrir noticias aún más devastadoras. Israel no deja de superarse con sus crímenes, como si estuviera en un escenario enfermizo y retorcido en plan *Los juegos del hambre*, donde cuanta más brutalidad muestre, mayor será su audiencia. Y Netanyahu está, en cierto modo, jugando a eso. Lo que amplios sectores de los medios occidentales parecen estar pasando por alto continuamente es el poder político que él podría sacar del Genocidio. Nos repiten que su país tiene «derecho a defenderse», pero lo que le da poder, con los ministros de los que se ha rodeado en su gobierno, no es la protección sino la agresión. Las Agresiones siempre han resultado una mejor política para los israelíes que las respaldan; son el motor de su progreso político.

Anoche, aviones de combate israelíes atacaron la iglesia de San Porfirio. Según testigos presenciales, hay al menos diecisiete muertos y más víctimas, aún sin identificar, enterradas bajo los escombros. Esa es nuestra primera parada del día.

Aún es temprano cuando llegamos Mohamed, Hatem y yo. El trauma y la devastación se reflejan de forma evidente en los rostros de todo el mundo. Los hombres intentan desesperadamente encontrar supervivientes bajo los escombros, pero lo único que encuentran son más víctimas: veo cómo sacan el cuerpo de un bebé, su vida segada a los pocos meses de haber empezado. También hay adornos navideños enterrados bajo esta masacre, y me impactan como un doloroso recordatorio de cuánto nos está destrozando la vida Israel. Esta iglesia llevaba casi novecientos años en pie.*

Hay un padre que es el único superviviente de su familia. Sus dos hijos y su mujer han muerto en el bombardeo. No hay palabras para describir lo que veo en sus ojos: están rotos y al mismo tiempo cargados de emociones contradictorias. Nunca volverá a ser la misma persona que era antes. ¿Es normal desear, en parte, que él también hubiera muerto? Lo que no deseo es que tenga que vivir y esté obligado a experimentar esta especie de muerte en vida.

La familia de mi amiga Yara había estado refugiada en esta misma iglesia. Me encuentro con su hermano, Bader, que

* Volverán a atacarla otra vez en julio de 2024, mientras la gente estaba acampada entre las ruinas.

está ayudando en las labores de rescate. Por pura suerte, su padre había decidido evacuarlos a otra iglesia un par de días antes de que atacaran San Porfirio. En Gaza nadie sigue vivo más que por la pura suerte. Tengo una pequeña sensación alentadora, porque Bader está aquí y está ayudando a la gente: en Gaza somos una gran familia, unida por el trauma. Eso es todo.

Estamos aún informando sobre el ataque cuando oímos una bomba fuera. Los israelíes habían atacado un pequeño edificio próximo a la iglesia con un misil de advertencia; no es suficiente como para destruir la estructura, pero sí para causar pánico y alertar a la gente de la probabilidad de que poco después caiga otra bomba más grande. ¡Cuánta humanidad!

Odio los misiles de advertencia. Dan más miedo que el propio bombardeo en sí, porque crean más caos. Cuando el misil impacta contra el edificio, la gente empieza a correr por las calles aterrorizada, sin saber adónde ir ni si caminar o correr. Vemos a una mujer tratando de lidiar con dos niñas pequeñas que lloran, tanto de miedo como porque han dejado en casa sus zapatillas y volver a buscarlas no es seguro. A la madre también se la ve aterrorizada, intentando desesperadamente tranquilizar a sus hijas mientras esperan a que su marido y su hijo, que siguen en la casa en busca de objetos de valor y documentos importantes, vuelvan con ellas.

Nos quedamos observándolas durante al menos un minuto. Un solo minuto. Y, en ese instante, vemos cómo por el rostro de la madre pasa toda una vida de emociones. La veo preocupada porque su esposo e hijo consigan regresar con vida, preguntándose si un trozo de papel merece la pena, convencida de que les caerá una bomba y van a morir mientras intentan salvar lo que les queda de vida.

Vamos junto a ellas, no deberíamos. Deberíamos salir corriendo de allí, dejar la zona, porque las FOI van a bombardear en cualquier momento ese sitio exacto en el que estamos. Pero nos quedamos. No podemos dejarlas solas. Nos aseguramos de que el padre y el hijo salen sanos y salvos y después huimos todos juntos. Mohamed se queda con el contacto de la madre y les prometemos que volveremos con unas zapatillas para las niñas.

Mientras nos alejamos en el coche podemos oír las bombas a nuestra espalda, y volvemos a sentirnos seguros. Mientras puedas oír las bombas, estás a salvo.

Porque el cohete que te mate, ese no lo vas a oír.

Vamos hacia el Hospital al-Shifa para grabar más imágenes para nuestro reportaje sobre el bombardeo. De camino, hacemos una parada en el campamento de la UNRWA en Khan Younis y por un momento pienso cuánto ha cambiado el Genocidio mi manera de ver las cosas. Para mí, antes, ir de campamento siempre había sido un plan divertido y emocionante. Las tiendas de campaña significaban amigos, fogatas, *marshmallows* y canciones. Ahora aquí no canta nadie. El campamento se ha convertido en nuestra realidad, y las tiendas son tristes, frías y vacías.

Ver tu tierra natal —una tierra que estaba cubierta de olivos y limoneros, pastos fértiles y los vestigios de una humanidad ancestral y hermosa— reducida a escombros, poblada por campos de refugiados y tiendas de campaña, produce una clase de dolor muy específico. A veces no tengo fuerzas para filmar lo que veo, mis ojos se niegan a aceptar que lo que están viendo es real. Así que me limito a caminar entre las tiendas, mirando a la gente a los ojos e intentando memorizar sus rostros para que al menos alguien los haya conocido antes del final.

La bandera palestina izada en al-Shifa gotea sangre, pero sigue ondeando al viento, sin dejarse abatir. Así son los palestinos. Eso mismo es lo que está pasando la gente de Gaza. Estamos agotados. Nuestras facciones han cambiado. Todos hemos perdido a algún ser querido.

Pero nos levantamos, cada día, e intentamos sobrevivir.

## Sábado 21 de octubre (día 15)

Es el decimoquinto día, si no me equivoco. El tiempo no pasa. Hoy entran en Gaza camiones de ayuda humanitaria por primera vez. Pero ¿de qué sirven veinte camiones cuando se está muriendo de hambre una ciudad entera? ¿Y a qué punto hemos llegado para que dé por hecho que debo sentirme agradecida por esto? ¿Qué he hecho yo mal para merecer esta situación?

Siempre me ha gustado escribir, llevar un diario, pero lo que de verdad me gusta es documentar momentos felices. Sin embargo, aquí estoy, viviendo un Genocidio. Y siento la responsabilidad de mostrarle al mundo la verdad, pero es difícil hacerlo mientras intento, simplemente, seguir viva.

Me impresiona cómo gente de todo el mundo está viviendo un trauma de forma indirecta por todo lo que ve en internet sobre el Genocidio. Recibo sus mensajes, leo sus posts y querría que me subieran el ánimo. Me gustaría sentir algo de aliento y creer que el mundo, por fin, está despertando a la realidad de la difícil situación de los palestinos. Pero no puedo. Lo que cubren los medios de comunicación y lo que se ve en las redes sociales representa como mucho un 10 por ciento de lo que realmente se está viviendo sobre el terreno en Gaza.

Las historias más desgarradoras no reciben cobertura. En Palestina, la gente ha perdido la fe en los medios. ¿Y cómo culparlos? Dos historias casi idénticas, con exactamente los mismos detalles —pero una de Kiev y otra de Gaza—, reciben un tratamiento completamente distinto en las noticias. Es difícil creer en la imparcialidad del periodismo cuando los hechos y los relatos se han convertido en armas y se manipulan, cuando la propaganda y las mentiras han arraigado en un terreno fértil. Pero también hay razones de índole práctica: en Gaza sufrimos continuamente cortes de electricidad, una conexión a internet deficiente y escasez de combustible, medicamentos y alimentos. En estas condiciones, ¿te molestarías en intentar contar la verdad a un mundo que no te escucha o te limitarías a intentar sobrevivir?

Cada día veo más y más casas y edificios bombardeados, lo que significa que hay más personas desplazadas que nunca. La gente está siendo evacuada y se refugia en escuelas, universidades y hospitales, lugares no aptos para que seres humanos habiten en ellos. Las FOI han atacado nuestros hogares, nuestras mezquitas y hasta nuestras ambulancias. ¿Qué más van a destruir?

Lo más triste es que, de puro cansancio, estoy perdiendo la capacidad de reacción. Estoy absolutamente exprimida, como todos los demás. Quiero que acabe esta pesadilla, y a la vez me da miedo pensar cómo será la vida cuando esto termine. ¿Seguirá existiendo Gaza? Me aterra imaginar el después. Y no hay nadie a quien preguntar, nadie que pueda asegurarme que hay un plan. Israel ha destruido deliberadamente cada uno de los pilares que tenemos.

Ni siquiera me funciona escribir, mi terapia. Nada consigue que me sienta mejor.

## Domingo 22 de octubre (día 16)

Hoy, mientras grabábamos, hemos visto un azufaifo y Hatem ha cogido algunos frutos. Nos los hemos comido tal cual, sin lavarlos, porque no queríamos desperdiciar agua. Durante la primera semana, cuando aún pensaba que esto era una Agresión «normal», lavaba todo antes de comerlo y, en silencio, juzgaba a quienes no lo hacían. Pero esto se ha convertido en un Genocidio, y ahora me ocurre al revés: no lavo nada y juzgo a quienes no hacen lo mismo que yo.

A menos que se viva la experiencia en carne propia, no es posible llegar a entender lo que supone vivir en un genocidio activo. La mente humana no está hecha para entender, y mucho menos asumir, la idea de que un minuto estás viva y al siguiente puedes estar herida, quemada o muerta. A eso es imposible acostumbrarse.

Le he estado dando vueltas y no creo que sobrevivir sea lo más importante. Por ejemplo, yo creo que preferiría morir antes que seguir viviendo con la cara destrozada por las quemaduras. Eso no es lo que diría un héroe de Hollywood, pero he visto este trauma de primera mano, las cicatrices emocionales que puede sufrir una persona cuando le arrebatan su cara. Nuestro rostro es algo fundamental para nuestra identidad, para cómo nos pensamos, nos recomponemos y vivimos con nosotros mismos. A mí me gusta mi cara, me gusta mi aspecto, y lo más importante, estoy acostumbrada a ella.

Cuando todo a tu alrededor está siendo bombardeado no hay mucho suelo firme sobre el que poner los pies. Así que sí, por favor, al menos me gustaría conservar mi cara. (Y en caso de que sufriera heridas graves, querría que fuera el doctor Ghassan quien la arreglara).

## Lunes 23 de octubre (día 17)

Mohamed y yo vamos en el coche, recorriendo las calles de Gaza, cuando vemos cómo bombardean una casa. Nos detenemos con intención de informar sobre la noticia y entrevistar a los residentes, pero terminamos ayudándolos. Nos ponemos a buscar cosas con la familia que ha perdido su hogar, levantando los escombros, intentando rescatar lo que sea. Literalmente, lo que sea. Una foto. Un documento. Un vestido. Una muñeca. Cualquier cosa que les devuelva su identidad.

Todos los días me debato entre mi papel como periodista —documentar este Genocidio, difundir el mensaje de mi pueblo al mundo— y mi existencia como palestina. ¿Cómo no ayudar a la gente a buscar entre los escombros, cómo no tenderles la mano cuando sé que no dudarían en hacer lo mismo por mí?

En medio del caos, hoy tenemos una misión importante: ayudar a Hatem. Anoche, un ataque aéreo destruyó parcialmente su casa y su hijo Hani (al que llaman Aloos) no deja de llorar desconsolado por una plantita que estaba cuidando. Era parte de un proyecto escolar y estaba muy ilusionado con verla crecer.

Así que vamos todos a lo que queda de casa de Hatem para intentar recuperar la planta.

Son este tipo de cosas, ¿no? Pequeños detallitos cotidianos que me parten el corazón en mil pedazos. Este niño no es más que un crío, tiene siete u ocho años. Imagínate el estado mental en el que está: bombardeos, muertos, su mundo entero se derrumba a su alrededor, y él aferrado a su planta. La ha ayudado a crecer, a vivir, no quiere abandonarla.

Los niños siguen siendo niños, independientemente de las circunstancias. El hijo de Hatem no alcanza a comprender la magnitud de la violencia y la devastación que lo rodean. Es completamente natural que se centre únicamente en aquello que siente que puede controlar. La planta sigue teniendo la máxima importancia para él, porque es parte de un mundo que alguien le ha entregado con la misión de cuidarlo. Cuando insiste, con toda la fuerza de un héroe mítico, en que tenemos que salvar a la planta, te deja la sensación más dulce y a la vez más amarga.

¿Quién sabe? Quizá la única verdad es que los niños de ocho años no deberían verse obligados a pensar como él tendrá que hacerlo, quizá tendrían que poder conservar su inocencia un poco más. Y me hace pensar que si este niño no está dispuesto a abandonar su proyecto escolar, ¿cómo se puede esperar que esté dispuesto a abandonar su tierra? ¿Cómo explicárselo?

Me alegro de que hayamos vuelto a por la planta.

La verdad, hoy no querría escribir sobre nada más que la planta de Aloos, porque para mí eso es lo único que ha tenido importancia, pero hemos vivido otro hecho crucial: ¡hemos encontrado helado! ¿Cómo ha sido posible en una ciudad sin electricidad ni artículos de primera necesidad? Bueno, pues llegamos a un pequeño mercado, vimos salir a un niño con un polo rojo y entramos sin pensarlo. Resulta que al dueño le quedan algunos helados y tenía electricidad gracias a un generador solar y los está vendiendo antes de que se echen a perder. Increíble.

Le hago innumerables fotos al helado. No sé…, me daba la sensación de ser un gran acontecimiento, tomarse un helado en medio de un Genocidio.

## Martes 23 de octubre (día 18)

Aquí otra vez. Ya sé que dije que ni siquiera escribir me hace sentir mejor, pero ¿qué más puedo hacer? ¿Con quién más podría hablar?

Hoy ha sido un día muy duro. Cada día tengo la sensación de estar viviendo el peor de mi vida y luego Israel se supera a sí mismo y el siguiente es aún peor. Mi existencia es una pesadilla cada vez más asfixiante.

Gaza está ya irreconocible. Camino por las calles y solo veo destrucción. El sistema sanitario está colapsando. Hoy el Hospital Indonesio se ha quedado sin suministro eléctrico, y cuando se agotó el combustible que tenían, dejaron de funcionar hasta los equipos de emergencia. Había gente en soporte vital. Y esa ni siquiera es la peor noticia del día (en realidad, ya es imposible decidir cuál es la peor noticia del día). Hoy he sabido que en las últimas veinticuatro horas Israel ha matado a más de 700 palestinos, lo que eleva el total a 5.791 personas asesinadas desde el 7 de octubre.

Más de la mitad de esas personas son niños.

Más de la mitad son niños.
¡MÁS DE LA MITAD SON NIÑOS!
Si lo grito lo bastante fuerte, ¿me escuchará el mundo?

Hoy entrevisto al doctor Ghassan. Siempre es una inspiración, por mucho que hoy solo pueda contarme malas noticias: solo en las últimas veinticuatro horas —me dice— han llegado al Hospital al-Shifa más de cuatrocientas personas, porque Israel está bombardeando zonas cercanas al hospital. Esas cuatrocientas personas han saturado del todo un sistema sanitario que ya estaba desbordado. Es un panorama desalentador. Con todo, solo ver al doctor Ghassan me insufla esperanza. Siempre está dispuesto a hablar con periodistas como yo. Soy incapaz de entender de dónde saca el tiempo para dedicárselo tanto a sus pacientes como a los medios de comunicación. El trato que da a las personas que tiene a su cuidado es distinto de cualquier otra relación médico-paciente que yo haya visto: se sabe los nombres de todos, recuerda a cada uno de los niños que ha tratado.

Sé muy bien lo abrumador que puede ser tratar con los medios de comunicación, sobre todo cuando llevas semanas repitiendo una y otra vez lo mismo y sientes que nadie te escucha y que no cambia nada. El doctor Ghassan, pese a todo, mantiene la resiliencia. Sigue contándole la verdad al mundo, esforzándose al máximo por débil que sea la respuesta que recibe.

Estoy exhausta. Mi único deseo es que la vida vuelva a la normalidad, aunque ya no sé qué podría significar eso para un palestino de Gaza.

Nunca pensé —cuando esa era mi vida cotidiana— que llegaría un día en que iba a desear recuperar esa vida anterior exactamente tal como era, pero así es. Ahora, con un Genocidio teniendo lugar ante mis ojos, daría cualquier cosa por volver a ponerme de los nervios con la radio de mi *teta*.

## Miércoles 25 de octubre (día 19)

Son las diez de la mañana y mamá, Judy, la *teta* y el resto siguen durmiendo. En cualquier momento vendrán Mohamed y Hatem a recogerme. Haremos lo posible por seguir adelante, por seguir informando sobre lo que sucede, y seguiremos teniendo la esperanza de no morir haciéndolo.

Estoy teniendo muchas conversaciones conmigo misma acerca de mi propia muerte. Y lo extraño es que se van volviendo cada vez más pragmáticas. Tienen que ver menos con preguntas sobre la otra vida y más con consideraciones sobre la logística implicada. Espero que, aun muerta, mi familia me reciba de una pieza. No quiero acabar desmembrada ni que me vuelen en mil pedazos. En todo caso, lo que sí quiero es que estén orgullosos. Y, si muero, al menos quiero saber que hasta el último minuto estaba haciendo aquello en lo que creo.

Por las noches, me cuesta dormir. Tengo unas pesadillas horribles y cuando me despierto encuentro una realidad aún más aterradora. Vivo aterrorizada por todo lo que puede pasarme en cualquier momento. Cuando creces en Gaza es natural imaginar cómo debe ser vivir durante un Genocidio, pero lo que está sucediendo ahora excede hasta mis peores y más desesperanzadoras expectativas. Y de verdad que yo tengo una imaginación desbordante.

Pero el miedo no me paraliza. El miedo me impulsa hacia adelante, no me retrae. Es mi motivación.

Hoy vuelvo a casa con vida. ¡Bien por haber sobrevivido físicamente un día más!

## Jueves 26 de octubre (día 20)

Vigésimo día, y no me acostumbro a esto. No creo que exista nadie que se haya acostumbrado ni pueda hacerlo. Cada día me despierto y me pregunto si será el último.

Me siento egoísta por poder beber agua, por tener qué comer, cuando sé que otras personas —mi gente— no pueden. Me aterra imaginar cómo será la vida cuando todo esto termine. No dejo de pensar en los heridos, en las viudas, en los huérfanos. No dejo de pensar en ese niño pequeño que se aferra desesperadamente al deseo de que su madre vuelva a la vida, en ese hombre que lleva días rebuscando bajo los escombros, tratando de recuperar los cuerpos de su familia para darles un entierro digno. ¿Cómo van a seguir viviendo esas personas?

Mi corazón no tiene espacio suficiente para contener el alud de emociones que siento. Mi mente no tiene capacidad para albergar todos los rostros y las historias de la gente que llevo conmigo. Es demasiado. Mi corazón y mi cabeza van a reventar, están a punto de estallar. Gaza está tan sola y ha sido tan radicalmente traicionada. Y yo la miro y me siento tan impotente… Quisiera abrazarla. Ojalá pudiera hacer algo, lo que fuera, para detener esto. Ojalá pudiera hacer desaparecer toda la tristeza.

Los hospitales generalmente me deprimen, sobre todo cuando están llenos de desplazados y heridos. Pero hoy hemos ido a al-Shifa y en un rincón apartado de la explanada delantera había un hombre llamado Nadeem que tenía algunos carteles y pinturas y estaba invitando a los niños a dibujar y colorear sus pensamientos. Fue reconfortante ver a las criaturas volviendo a ser solo niños. Estuve hablando con una pequeña, Layan, que estaba dibujando una casa, y entonces me di cuenta de que lo que dibujaban la mayoría de los niños eran casas y banderas palestinas. Supongo que eso es lo que ocupa la mente de todo el mundo en Gaza. Tener un hogar propio y el sueño de una Palestina libre donde nuestra bandera pueda ondear serena, sin preocupaciones.

La escena en torno a Nadeem resulta al tiempo reconfortante y desgarradora. A pocos metros de distancia había mártires y heridos tirados por el patio, y frente a mí los niños dibujaban y jugaban.

Esto es Gaza. Esta es la Gaza que yo conozco.

## Viernes 27 de octubre (día 21)

Deambulo por las calles de Gaza y casi puedo oírla.

¿Cómo es posible sentir tanto por una ciudad tan pequeña? ¿Cómo puede un lugar como este romperte el corazón en mil pedazos? Te quiero, Gaza, pero también estoy enfadada contigo. Sé que estás sufriendo…, pero nosotros también y parece que solo nos miras en silencio. Por favor, Gaza, te lo suplico: háblame. Dime que todo va a salir bien. Dime que te vas a levantar de nuevo, más fuerte que antes. Miénteme si hace falta, pero di algo. Lo que sea. Tu silencio es ensordecedor.

Veo a un anciano caminando solo, apoyado en una muleta y avanzando a duras penas. Mohamed y yo corremos a ayudarlo, pero otros pasan de largo sin mirarlo dos veces, sin verlo. Cegados por sus propias preocupaciones y miedos. Esta es la primera vez que he sentido flaquear mi fe en los palestinos, aunque solo por un segundo. Porque no somos héroes de una película de acción. ¿Qué se puede esperar que haga la gente?

Hoy no hay señal telefónica. La gente que se está muriendo no puede llamar a una ambulancia. Yo querría ser los ojos de Gaza, mostrarle al mundo lo que está ocurriendo aquí. Pero ¿cómo puedo hacerlo? Estoy en Gaza y no tengo ni idea de lo que está pasando: no hay internet, ni red móvil, ni gasolina, ni electricidad. ¡Ni nada!

Te quiero más que nunca, Gaza, aunque me cuesta reconocerte. Estoy rabiosa contigo, pero también por ti. Desde que era pequeña, mamá siempre me aseguró que todo mejoraría, que no me preocupara. Pero ahora ni siquiera le salen esas palabras. Ya no puede mentirme y decirme que todo va a salir bien.

Así que, Gaza, te lo pido a ti. ¡Al menos tú, di algo!

## Sábado 28 de octubre (día 22)

Hoy estoy pensando en ti, Diario. Hoy estás a salvo, en buenas manos. Te tengo conmigo y tú me tienes a mí. Pero mañana quizá estés bajo los escombros, sin nadie que te cuide.

Quizá te encuentre un niño pequeño y exclame de alegría: «¡Un cuaderno!». Para él serás solo un cuaderno y estará muy contento de poder llevarte a su tienda de campaña. Y tú irás con él y arderás y les darás calor al niño y a su familia por un rato.

Si eso sucede, si tu viaje te convierte de diario en una vela, solo quiero que sepas que para mí has sido un buen amigo.

## DOMINGO 29 DE OCTUBRE (DÍA 23)

No sé si es tarde por la noche o ya temprano por la mañana. Calculo que serán entre la una y las dos de la madrugada, pero no estoy segura.

Había dejado de publicar fragmentos de mi diario en Instagram. Siempre creí que tendría más tiempo para vivir. Pero quiero asegurarme, si muero, de al menos haber dejado alguna huella, y siempre he querido mostrarle Gaza al mundo a través de mis ojos, así que voy a publicar estas entradas, o al menos se las pasaré a alguien para que las publique por mí si me matan. Incluiré poemas. Seré como Rupi Kaur.

El deseo de dejar un legado es, en parte, la razón por la que siempre quise ser periodista. En Palestina tenemos varios escritores venerados en nuestra historia moderna porque lo que escribieron fue transformador. Cuando la espada es tan poderosa como la de Israel, la pluma cobra aún más importancia. Escritores palestinos como Ghassan Kanafani han cambiado la historia con sus palabras. Y yo sueño con formar parte de esa tradición.

Quiero escribir un poema, pero no puedo. Es como si se hubiera cerrado un grifo y no me saliera nada. De la nada, nada sale. El poema es una página en blanco manchada de lágrimas; el poema son los ojos de la gente de Gaza. He intentado describir lo que yo veo, pero sus ojos transparentan un sentimiento que no se puede expresar con palabras. El miedo de una abuela que sobrevivió a la Nakba y teme que lo que está ocurriendo hoy sea aún peor, la desesperación de un padre que no encuentra alimento ni agua para su familia, la sensación de culpa de una madre cuyos brazos ya no sirven de refugio a sus hijos, la resignación de un niño que conoce lo que es morir de hambre, la inocencia de un bebé que encuentra la muerte antes que la vida.

Hoy será el día veintitrés. Rememoro el tercer día, cuando mi edificio fue parcialmente destruido y mi familia, mis vecinos y yo dormimos en al-Quds, y entonces creí que aquello era lo peor que me podía pasar. Y luego recuerdo el sexto día, cuando más de un millón de personas fueron obligadas a evacuar al sur y yo pensé por primera vez que iba a morir como una chica anónima, sola en un hospital, y me rompí. Ese día, Motaz Azaiza y Ameer Abu Aisha me tranquilizaron, asegurándome que al final todos podríamos evacuar, aunque yo no podía dejar de imaginar lo peor. Sobreviví creyendo, de nuevo, que había tocado fondo.

Finalmente llegué al sur, a Khan Younis, el noveno día. Aquí se supone que estoy a salvo, pero no me he sentido segura ni un solo segundo desde que llegué, ni siquiera cuando llegó también el resto de mi familia, un par de días después. Y entonces, hace dos días —el día veintiuno—, Israel cortó oficialmente la conexión de internet en Gaza y nos vimos imposibilitados para contactar con familiares, amistades e incluso ambulancias. Y volví a pensar: debo de estar en lo peor de esta experiencia.

Pero es el día veintitrés y temo cerrar los ojos, por miedo a revivir las escenas que he presenciado: los cuerpos destrozados de niños, sus llantos y sus gritos que me atormentan toda la noche. Mi mente se niega a procesar los últimos días. No quiero quedar relegada a la historia; no quiero ver Gaza reducida a escombros. No quiero ver a más personas asesinadas. Solo quiero un alto el fuego. Por favor, Dios, que esto acabe ya.

Son las ocho de la mañana. Apenas he dormido, pero no importa. Me gusta ser la primera en despertar y la última en dormirme. Así puedo cuidar de todos, al menos durante el día.

En el colegio estudiamos la Primera y la Segunda Guerra Mundial y, hace unos años, Yara me regaló *El diario de Ana Frank*. Me pareció que era importante conocerlo por cultura general, pero lo contemplé como una reliquia de una historia que ya habíamos dejado atrás. No imaginé ni entendí realmente lo que debió de suponer de verdad aquella experiencia, y jamás pensé que la viviría yo misma en 2023. ¿Por qué estudiamos historia cuando es evidente que nadie aprende de ella?

Tengo suerte de haber sobrevivido tanto tiempo. Los seres humanos nos contamos historias para entender el mundo que nos rodea, pero cuando el mundo que nos rodea se convierte en tal caos como es el mío, no hay muchas historias a las que recurrir. No obstante, la de Ana Frank es una de ellas, y a ella me aferro. Me pregunto si algún día habrá alguna persona que lea esto mientras también su mundo se desmorona y se sentirá identificada con mis historias.

## Lunes 30 de octubre (día 24)

Hoy me levanto pensando en Mahmoud Darwish. Hace unos años leí su relato poético «¿Por qué has dejado solo al caballo?» y daría lo que fuera por volver a leerlo ahora. Quiero volver a sentir que me habla. Repito las mismas líneas una y otra vez en mi cabeza:

¿Por qué has dejado solo al caballo?
Para que haga compañía a la casa, hijo.
Las casas mueren cuando se marchan sus habitantes.*

Y ahora me pregunto cómo se siente mi casa sin nosotros, sus dueños.

Mi casa.
¿Me echas de menos
como yo te extraño?

## Martes 31 de octubre (día 25)

Voy al campamento de la UNRWA en Khan Younis. Hay unos 33.000 palestinos viviendo allí en condiciones atroces. Hacinamiento es poco decir. No hay palabras para describir lo que veo.

Voy recorriendo el campamento y vuelvo a descubrirme mirando a la gente a los ojos. Se ha convertido en algo más que una costumbre. Quizá en parte creo que si no conecto y aprehendo de verdad estos momentos, si no capto la vorágine de emociones que asoman a esos ojos —el dolor, la tristeza, la desesperación, pero también la resolución y la determinación—, esta experiencia podría endurecerme. Me preocupa, si sobre-

* Traducción de María Luisa Prieto, en poesiaarabe.com, <http://www.poesiaarabe.com/la_eternidad_mahmud_darwish.htm>. *(N. de la T.)*

vivo, hacerlo perdiendo la empatía. Su dolor es el mío, su determinación es mi determinación. Ellos son también quien soy yo y, para conocerme a mí misma, debo no olvidarlo, conocerlos.

Estamos Hatem, Mohamed y yo buscado gente a la que entrevistar cuando encontramos una tienda de campaña a medio montar. Un hombre está armando una parte mientras una mujer entretiene a sus dos adorables bebés. No muy lejos hay otras tres niñas riendo. Se nota que acaban de llegar al campo. Nos acercamos, nos presentamos y preguntamos si podemos hacer una entrevista a la mujer. Ella accede, y veo que sus hijas me están mirando con una sonrisa. Cuando terminamos de grabar, me dirijo a la tienda siguiente, donde una mujer mayor y su hijo han montado un horno de barro para cocer pan para la gente a cambio de algo de dinero.

Al poco rato se me acerca el padre de la primera tienda con sus preciosas hijas de la mano. ¡Querían decirme que me siguen en Instagram y que les encanto! Grabo un vídeo con ellas y lo publico. Al cabo, el padre me habla de una tercera hija, Lolo, que tenía ganas de venir a hablar conmigo, pero es demasiado tímida, así que acepto volver a su tienda cuando termine la historia de los panaderos. Lolo es adorable. Tiene cinco años y, en cuanto rompo el hielo, me cuenta cosas sin cesar. Me explica que sigue la cuenta atrás para su cumpleaños desde hace días y que se ha fabricado un calendario especial para ello. Por desgracia, justo el día antes de su cumpleaños tuvo que evacuar su casa, así que no ha podido celebrarlo.

Hatem y Mohamed le prometen que mañana le harán una fiesta y yo discuto con ellos: no creo que en un Genocidio debas prometer nada a los niños, es posible que te maten antes de que llegues a cumplir tu promesa. Pero ya se lo habían dicho, así que estuvimos horas buscando una tarta. No conseguimos encontrar ninguna (los panaderos solo hacían pan), así que terminamos comprando un surtido de bocadillos en el mercado. Mañana iremos de nuevo a ver a Lolo, si estamos vivos, y celebraremos su cumpleaños con ella lo mejor que podamos.

No puedo creer que hoy sea el vigésimo quinto día. Llevamos veinticinco días sin electricidad, sin agua potable y sin apenas comida ni combustible. Todo lo que pedimos es un alto el fuego, pero solo nos dan bolsas para cadáveres. Es una locura. La vida nunca fue normal en Gaza, pero echo de menos mi vida de antes del Genocidio. Echo de menos levantarme por la mañana e ir a trabajar. ¡Echo de menos no saber qué ponerme! Ahora, literalmente, no tengo nada que ponerme; la chaqueta negra que he llevado los últimos diecinueve días ni siquiera es mía.

Antes era una perfeccionista. Si alguna vez cometía una falta de ortografía en mi diario, arrancaba la página y volvía a empezar. No podía ver ni una errata. Jamás compartía mis escritos en redes sociales, porque mis estándares eran altísimos. Llevaba siempre las uñas perfectas, iba a hacerme la manicura varias veces al mes para que estuvieran impecables. Trabajaba horas extras y me esforzaba al máximo, porque no podía vivir con la idea de no haberlo dado todo. Solía ver siempre el lado positivo de las cosas.

Ya no soy esa persona y mi vida no tiene nada de perfecto. Trato de mantener el optimismo, hacer planes para cuando todo esto termine, pero me han arrebatado cualquier control sobre ella que pudiera tener.

Antes del Genocidio, al irme a dormir, solía darle vueltas a cómo convertirme en una versión mejor de mí misma. Ahora solo pienso en los demás. En mi gente. Pienso en los mártires, todos ellos tenían sus sueños y deseos para el futuro. Pienso en todas las personas que han perdido a sus familias y ahora se enfrentan a una vida de devastadora soledad. Pienso en los heridos que han perdido a sus parejas e intentan recuperarse en el hospital, lidiando con el trauma físico y mental. Pienso en Gaza y en cómo, en un mero pestañeo, se convirtió en una ciudad fantasma.

Doy vueltas tratando de dormir, buscando una postura cómoda. Miro al techo y pienso en Dios.

## Miércoles 1 de noviembre (día 26)

Me despierto a las 10.19 después de haber tenido mi primer sueño bonito en semanas. No recuerdo de qué trataba, pero por alguna razón estoy contenta. Espero que hoy pase algo bueno. Por fortuna ayer no nos mataron, así que le damos una sorpresa a Lolo. Volvemos al campamento y le cantamos, aunque no tenemos tarta, ni velas, ni serpentinas, ni globos. Pero ella se pone contentísima. Su sonrisa. Es tan contagiosa y tan genuina que, solo por un minuto, olvidamos el Genocidio, el dolor, el sufrimiento, la pérdida. Por un minuto solo.

Lolo y sus hermanas me hacen sentir como una famosa. Se hacen fotos conmigo con varios teléfonos, para asegurarse de que no van a perder las pruebas de mi visita. No quieren que me vaya, y yo, en parte, desearía haberme quedado allí, suspendida para siempre en ese minuto.

En la vigesimosexta noche, duermo, y mis sueños son apacibles. Con todo lo que está pasando en Gaza, los seres humanos siguen siendo humanos. Y yo, aún con una existencia carente de ningún poder, tuve el poder de hacer sonreír al menos a una familia y darles alegría, aunque fuera solo por un par de minutos. Y en Gaza, donde una vida puede ser arrebatada en un instante, el peso de la felicidad es mayor. Hay que atesorar cada momento, cada risa y cada brizna de esperanza. Te ayuda a sobrevivir, a ti y a quienes te rodean.

## Jueves 2 de noviembre (día 27)

Si alguien pudiera meterme la mano en el corazón, extraer de él todos mis sentimientos y ponerlos en palabras, sería fabuloso. Yo, personalmente, ya no tengo capacidad ni para intentarlo. Mi diccionario está agotado. Mi léxico, aplanado. Mi vocabulario, vacío. Y la capacidad de describir mis emociones me ha abandonado.

Sé que parezco más fuerte de lo que soy. Siento que hay dos versiones de mí. La Plestia del día es optimista, responsable y potente. La Plestia de la noche soy yo, la que ahora mismo está escribiendo este diario.

Llevo casi un mes usando el chaleco de prensa y es un gran peso sobre los hombros. Literalmente, porque de verdad pesa muchísimo y me destroza la espalda. Pero también en sentido figurado. Me pesa la responsabilidad que llevo conmigo todo el tiempo. A diario presencio escenas y escucho historias desgarradoras, y jamás me permito romperme delante de la gente. Trato siempre de animarlos. Intento no solo saber escuchar, sino también ayudar.

La Plestia del día vive cada momento como si fuera el último. Y actúa como quiero que me recuerden: alguien que siempre trae con ella un poco de alegría y esperanza. Pero eso es mucha responsabilidad, y a la Plestia de la noche le da terror no estar a la altura. Hay algunas —como esta misma— en las que siento más que otras que podría ser mi última noche. Esas noches, la idea de a qué voy a dedicar mis últimas horas me quita el sueño.

Supongo que, más que nada, me gustaría estar haciendo algo de valor, en la medida de lo posible. No quiero que me maten mientras estoy durmiendo: me parece una forma pasiva, absurda y, la verdad, hasta un poco patética de morir. Sería mejor hacerlo mientras estoy trabajando sobre el terreno.

## Viernes 3 de noviembre (día 28)

No tengo fuerzas para escribir todos los días. Cada vez publico menos cosas en las redes sociales porque mi salud mental apenas resiste lo que está pasando. Me duele el alma.

Han sido veintiocho días de absoluto infierno. En este punto, Gaza se está quedando sin comida ni agua potable. Los supermercados están casi vacíos. Ahora la gente se pasa el día deambulando en busca de las cosas básicas.

Nos levantamos por la mañana y en vez de que los niños vayan al colegio, los universitarios a la facultad y los adultos al trabajo, todo el mundo sale a buscar productos que no deberían faltar. Es sumamente triste que Gaza haya llegado a esto. Hace un par de semanas bromeaba con Mohamed diciéndole que pronto empezaríamos a comernos las hojas de las plantas, pero la broma está cada vez más cerca de hacerse realidad. Aunque mi familia y yo quizá podamos resistir un poco más que otros, no me sorprendería nada ver gente comiendo hojas en cualquier momento. A estas alturas, nada me sorprende.

Mi tío paterno llega a casa hundido, ha madrugado para pasarse tres horas buscando huevos. Sin éxito. Y los huevos aquí son un tesoro. Si tienes huevos, puedes desayunar, comer y cenar. Así que cuando se acaban los huevos en la Franja, me da bastante ansiedad. Poco después llega su cuñado, igual de desesperado por la falta de pañuelos de papel.

Mis tíos traen noticias de otra masacre. Se está convirtiendo en una rutina, pero es imposible acostumbrarse. Ver la sangre, ver a nuestra gente morir... es insoportable. Ver a las familias vagando por las calles cargando con sus pertenencias, con lo que pudieron salvar de sus casas, me parte el alma. Ver a otros aferrados a una almohada, sin saber adónde ir, me da una enorme sensación de impotencia. Ojalá pudiera encontrar las palabras para expresar lo que siento, para darle sentido. Pero ¿qué se puede decir o hacer ante una tragedia de tal magnitud?

## Sábado 4 de noviembre (día 29)

Estoy agotada, exprimida. Lamento la negatividad, prefiero pensar que es realismo y no pesimismo. Me duele la espalda por el chaleco de prensa y me pesa el corazón por el agotamiento emocional.

Cada día se ponen más peligrosas las cosas para mí como periodista. Mamá está muy preocupada, y la entiendo, pero ¿qué puedo hacer? ¿Qué puede hacer nadie para estar a salvo? No hay lugares seguros. Incluso si me metiera en un bote como un pepinillo, podrían robarme.

Podrían matarme mientras estoy trabajando, comiendo o durmiendo. En cualquier momento podría convertirme en un objetivo. Pero, en lo que dependa de mí, seguiré sobre el terreno. Cuanto más trabajo, más convencida estoy de que prefiero morir haciendo mi trabajo. Agradezco tener algo que me dé sentido cuando a tantas personas les han arrebatado el suyo.

Solo quiero que mi familia esté a salvo, que a mis seres queridos no les pase nada malo. Intento ser optimista durante el día, sobre todo frente a los niños, pero empiezo a sentir que ya no puedo hacer ni siquiera eso. Lo intentaré con más empeño.

## Domingo 5 de noviembre (día 30)

Deben ser en torno a las dos de la madrugada. Estoy con mi hermana Judy, la mujer de mi tío y mi prima. Todas sentadas en un silencio absoluto, todas con la mirada perdida. No sé qué estará pasando por la cabeza de las demás, pero imagino que se están preguntando, como yo, cuándo terminará esta pesadilla.

Imaginemos que, por fin, se anuncia una tregua. ¿Y después qué? ¿Dónde vivirán todas las personas que se han quedado sin hogar? ¿Dónde va a ir toda la gente que está viviendo en las escuelas? Y dado que las escuelas han sido destruidas o ahora sirven como refugios, ¿cómo van a volver a clase los estudiantes? ¿Y qué hay de toda la gente que se ha refugiado en los hospitales? ¿Qué será de ellos?

Ya no sé ni en quién pensar: ¿quién merece mi dolor? ¿Las madres que ignoran qué ha sido de sus hijos, si están vivos, muertos, heridos, desaparecidos? ¿Los hermanos desaparecidos o secuestrados, de los que sus familias llevan semanas sin tener noticias? ¿Los niños que han quedado huérfanos, abandonados a su suerte en un mundo que constantemente les transmite el mensaje de que sus vidas no valen nada? Aún hay cadáveres sin enterrar tirados en las calles, imagínate. La magnitud del sufrimiento y la sensación de impotencia son inconmensurables.

Piensa en una calle por la que pases todos los días: sus edificios, sus comercios a cada lado, los vecinos que te saludan al pasar… Ahora imagínate de nuevo caminando por esa misma calle, pero todos los edificios y las tiendas han desaparecido, y no queda ni un vecino, no hay nadie que te salude. Todo lo que oyes es una voz que pide ayuda desde debajo de los escombros. Y no te queda otra que darte la vuelta y marcharte, porque no hay nada que puedas hacer en su ayuda. Imagina el dolor que eso produce y quizá puedas entender, aunque sea solo por un instante, el dolor del pueblo palestino.

Hace unas semanas alguien me acusó de que hablo más en inglés que en árabe porque quiero esconderme detrás de una lengua extranjera, y no entendí lo que quería decir. Pero ahora sí lo entiendo. El árabe es mi lengua materna, me relaciono con él no solo como una forma de comunicación, sino como un arte. Es lírico, ágil, bello y emotivo. Y cada vez que intento hablar en árabe sobre lo que está ocurriendo, rompo a llorar y me inunda la rabia, porque ahí sí puedo expresar mi dolor en su forma más pura. Y en Gaza no hay tiempo para llorar, ni tienes el lujo de poder venirte abajo. Así que prefiero hablar en inglés, tanto para evadir mis emociones como para comunicarme.

Son las diez y media de la mañana. Llevo una hora y media despierta y he conseguido hacer casi tanto como en plena noche: me he quedado mirando al techo, pensando sobre todo en lo agradecida que estoy de tener un techo al que mirar.

Intento reflexionar y entender el sentido de las últimas dos semanas de mi vida, pero, de verdad, no lo consigo. Tengo casi veintidós años, soy una persona adulta, soy periodista…, pero mi mente se niega a procesar lo que está pasando. Y esto me hace preguntarme si acaso todo esto debería ser comprensible por alguien, si lo que está ocurriendo es algo a lo que un cerebro humano pueda dar sentido. Somos palestinos. En nuestra tierra nos despertamos y en nuestra tierra nos matan. Y nadie parece inmutarse.

Mohamed, Hatem y yo empezamos el día comprando algunas cosas esenciales. Conseguimos unos *snacks*, agua, e incluso nos hacemos con una caja entera de paquetes de ramen instantáneo. ¡Una caja entera! Normalmente, no se permite comprar más de cuatro paquetes por persona, pero a nosotros nos dejan llevarnos una caja entera porque somos periodistas. Me siento tan especial como un copo de nieve y me devuelve por un momento el gozo sin empañar de mi profesión.

Después vamos en busca de algunos juguetes y libros de colorear, cosas esenciales en un Genocidio. Hatem compra un libro y lápices para su hijo, y Mohamed algunos juguetes para los suyos. Yo compro un kit de pulseras para mi primito y mi primita, Bara'a y Reena. Desde que empezó el Genocidio se han puesto a hacer pulseras para todo el mundo, sin parar. Ojalá pudiera decir que es solo por diversión, pero en cada pulsera están poniendo el nombre de su dueño, por si lo matan. Quieren que los médicos puedan identificar a quien la lleva. Es tierno y muy triste. También compro unos teléfonos de juguete para Randa y Lia, dos niñas desplazadas que están en el campo de la UNRWA en Khan Younis.

A Randa y Lia les encantan los teléfonos y más encantadas aún se muestran cuando les enseño las ilustraciones que algunos artistas han hecho y publicado en internet de nuestras fotos juntas. Me lleno de alegría. Hay que aceptar lo que llega, y dar alegría a la gente me pone contenta. Doy las gracias por estar viva y poder seguir haciendo sonreír a las criaturas.

Mientras camino por el campamento me encuentro con una chica que conozco, Rotana. Está comprando calcetines. Se ha refugiado aquí con su familia. Sigo sin acostumbrarme a encontrarme de pronto con mis amistades en los campos y los hospitales. Es como si estuvieran en un sitio que no toca, desplazados tanto en el mapa como en mi mente. Rotana me invita a que me quede a dormir, me dice que tiene pipas de girasol y que podemos pasarnos la noche charlando y comiendo pipas. La cosa es que yo solo he visto a Rotana una vez antes, en una sesión de fotos. Nos conocemos de seguirnos en Instagram, pero no es que hagamos planes juntas ni quedemos normalmente ni nada.

Esto es lo que más me gusta de Gaza. Refleja el espíritu de comunidad de la ciudad, de unión y camaradería. Rotana apenas me conoce y lo más probable es que su familia tampoco tenga demasiados recursos como para estar compartiéndolos con nadie, aun así ella me ofrece un sitio donde quedarme. No le sale otra cosa. Lo llevamos en la sangre.

Declino la oferta cortésmente y emprendo el camino hacia casa de mi tío. Al llegar, les doy a mis primitos los kits de pulseras, e inmediatamente se ponen a hacer algunas para mí, para Judy y para mamá. Mi tío tiene cinco hijos: Belal, Bader, Bara'a, Reena y Hatem. Son mi alegría. Son enormemente cariñosos y tiernos, y están casi excesivamente orgullosos de tener una prima que es una reportera famosa. A menudo, termino el día vacía de energía, pero encontrar a mis primos al volver a casa lo vuelve todo mejor. Siempre están deseando que les cuente historias sobre cómo fue mi día, o esperándome para jugar a las cartas, o pidiéndome que me ponga mi uniforme de prensa.

Bara'a y Hatem son los más pequeños y no paran quietos. Así que no hace mucho se me ocurrió un juego al que estoy segura de que todos los padres y hermanos mayores del mundo han recurrido alguna vez: el juego de «en silencio». Los convenzo para jugar ofreciéndoles caramelos de premio para el que gane. Funciona: ahora han venido a pedirme que juguemos al juego de en silencio, ¿y qué clase de prima mayor sería si no quisiera jugar con ellos? Por ellos haría lo que fuera, y eso no tiene absolutamente nada que ver con ningún interés personal. En absoluto.

Como cada noche, me acuesto con la esperanza de despertarme con la noticia de una tregua. Antes soñaba con una Palestina libre. Ahora me conformo con que todo esto acabe.

## Lunes 6 de noviembre (día 31)

Buenos días, bonita mañana.

Son cerca de las ocho y lo primero que hago cuando abro los ojos es abrir este diario y ponerme a escribir. Habitualmente lo hago por la noche, antes de irme a dormir, pero me he dado cuenta de que cuando gente me ve escribiendo me dejan tranquila, así que ahora también lo hago para tener un poco de paz mientras espero a que lleguen Mohamed y Hatem.

De un día al otro ha llegado el frío y con él el viento. Al otro lado de mi ventana había toda una orquesta, el sonido del viento luchaba compitiendo con el ruido de los drones en una cacofonía de destrucción y violencia. Lo que no sabía el viento es que, en realidad, no estaba luchando contra los drones, lo único que hace es aumentar el peso de la carga que llevamos los palestinos. No exagero con la fuerza de este viento, no es ninguna broma. Parece que no basta con que el zumbido incesante de los drones impida dormir a la gente que está en tiendas de campaña, ahora tienen que lidiar también con un ariete invisible que golpea sus puertas (¿el toldo de sus tiendas?) e intenta matar a sus hijos. No les queda más que preguntarse: «qué acabará primero con nosotros, ¿el clima o las bombas?».

Y yo, aquí estoy: en una casa, durmiendo en un sofá, bajo una manta que abriga mi cuerpo agotado. ¿Quién soy yo para merecer una manta cuando otros no la tienen? Odio lo injusta que es la vida y me frustra no tener capacidad para ayudar a todo el mundo. Hago todo lo que puedo, y sé que es importante no castigarse, pero la sensación de culpa que tengo es muy real.

## Martes 7 de noviembre (día 32)

Creo que esta noche he debido de dormir como dos horas.

No consigo cerrar los ojos y descansar. Estoy agotada por las pesadillas que tengo continuamente, solo que en realidad no son pesadillas, son el recuerdo de las historias que me ha contado la gente ese día y que luego me persiguen por la noche. A veces me despierto, empiezo el día y veo cosas aún peores que en cualquier pesadilla. Cuando eso sucede, me río con incredulidad. Me parece imposible que la realidad se haya vuelto más aterradora que la fantasía.

Ha pasado un mes. Un mes de niños, mujeres, hombres, civiles, médicos, paramédicos y periodistas muertos. Un mes de casas, edificios, hospitales, escuelas, universidades, iglesias y mezquitas reducidas a escombros. Un mes en el que cada noche, antes de dormir, me quedo mirando al techo, preguntándome cuándo llegará el cohete que lo haga desplomarse sobre mí. Un mes sin agua potable, sin comida, sin electricidad, sin internet, sin hogar, sin familia. Un mes documentando y contando día a día cómo Gaza, mi hogar, se va convirtiendo en una ciudad fantasma.

En Gaza, cada día, cada persona se hace la misma pregunta: ¿cuánto falta para que me toque a mí? En Gaza todo el mundo tiene miedo. ¿Cuántas personas tienen que morir para que el mundo, por fin, haga algo?

A veces desearía morir, solo para descansar en paz. Otras veces deseo vivir, para ver, algún día, una Palestina libre.

## Miércoles 8 de noviembre (día 33)

¿Se ha acordado alguien de poner a salvo a los animales?

Hoy he ido al Hospital al-Nasser para hacer un reportaje sobre las personas desplazadas que están allí y he conocido a una mujer maravillosa. La llamo «la señora de los pájaros». Está desplazada con su hija y su nieto, y ahora viven en lo que apenas se puede llamar media tienda de campaña. Pero no es eso lo que la hace increíble.

Como la mayoría de la gente, tuvo solo cinco minutos para evacuar su casa. Y en esos cinco minutos salvó a todos sus animales: dos tortugas, un loro y otros tres pájaros. ¡Y son lo mejor! Estuve con ellas un rato, tomamos té, y hasta le puso a una de las tortugas el nombre de Plestia, por mí. Ha sido un destello de alegría en un lugar por lo demás desolador.

Me acuerdo del pequeño Aloos, que no quería dejar atrás su planta. Todos intentamos llevar con nosotros un poquito de nuestro hogar, con la esperanza de volver a él algún día.

## Jueves 9 de noviembre (día 34)

A nivel emocional y personal, hoy ha sido uno de los peores días.

Por la mañana he visto cómo más de cincuenta mil personas eran obligadas a dejar sus hogares en el norte de Gaza y desplazadas forzosamente a campos de refugiados en el sur. Es totalmente devastador. Me quedo mirando mientras miles de personas desfilan por el corredor seguro, su vida entera metida en una maleta que tuvieron que hacer en solo cinco minutos. Es como una escena de una distopía, pienso instantáneamente en *1984*. Aun así, hay un niño allí, de pie, Waleed, que tiene caramelos y los va repartiendo a la gente que pasa a su lado. Lleva puesto un gorrito de fiesta que dice «Feliz Cumpleaños».

Es extraño cómo hasta el peor día de tu vida puede alumbrar destellos de esperanza. Esta mañana estaba destrozada, pero por la tarde fui a ver a Randa y a Lia, las niñas que conocí en el campamento de la UNRWA hace diez días. Estuve nada más jugando y charlando con ellas un ratito.

Gaza es así, te despierta todo un espectro de emociones. Por la mañana ves a la gente expulsada a la fuerza de sus hogares y se te parte el corazón. Por la tarde juegas durante cinco minutos con un par de niñas y sanas un poquito por dentro. Te insufla cierta fe en la capacidad que tiene la vida para perseverar. Si una niña puede sonreír, tú también, porque incluso en las peores circunstancias, los humanos seguimos siendo tercamente humanos.

## Viernes 10 de noviembre (día 35)

Siempre he sido de las que buscan la esperanza hasta en los momentos más oscuros, pero últimamente me cuesta encontrarla. Normalmente, me sirve mirar el cielo. Me encanta observar las nubes, y ese modo en que adoptan formas que cada persona interpreta a su manera. Ahora ya no sé distinguir las nubes del humo. Hatem y yo nos hemos pasado gran parte del día debatiendo sobre una nube en particular. Y al final tenía razón él: era humo.

Aun así, me encanta ver el atardecer y el amanecer, y hoy he disfrutado de ambas cosas. Eso nadie me lo puede quitar, por lo menos hasta que me maten. Ni siquiera Israel.

## Sábado 11 de noviembre (día 36)

Estoy cansada ya de escribir que estoy cansada y de quejarme todos los días. Pero ¿qué voy a hacer? ¿Fingir que estoy bien? Durante un Genocidio no funciona esa máxima de «finge hasta que sea verdad». Así que estoy usando este diario para desahogarme. Te aguantas.

Publicar posts en las redes sociales informando sobre lo que está sucediendo me resulta cada día más difícil. En el plano emocional, lo único que me reconforta un poco es estar sobre el terreno, interactuar con la gente. No me imagino quedarme simplemente sentada, presenciando cómo se sucede una masacre tras otra sin hacer nada. Pero esa sensación tampoco dura. Para cuando llego a casa, vuelvo a estar rota e intento dormir y el sueño se me escapa. Hacer lo que puedo no es suficiente.

Cada noche me pregunto si será la última de mi vida. ¿Habrá un mañana? Me centro en observar a mi familia, contemplar y grabarme en la memoria sus rostros, por si acaso.

Hay una historia que tengo todo el rato en la cabeza desde hace un tiempo. Hace un par de semanas fui a un hospital y conocí a un niño de cinco años que era el único superviviente de un ataque israelí en el que toda su familia había muerto. Lo encontró un vecino y lo llevó al hospital sin identificación. El niño estaba en *shock*, no hablaba ni respondía a las preguntas, ni siquiera podía decir su nombre. Cuando ocurrió el ataque, el niño no estaba en su casa, estaba desplazado, su familia se estaba alojando junto con otras tres en el lugar del bombardeo. Esto hacía que, para los médicos, fuera casi imposible identificarlo, así que tuvieron que confiar en lo que el vecino podía contar sobre la gente que se había refugiado en aquel lugar. Al final consiguieron un apellido y contactaron con sus tíos. Pero cuando llegaron los tíos, tampoco fueron capaces de identificar a su sobrino. Tenía en la cara heridas tan graves que ocultaban completamente sus rasgos y no podían decir si era su familiar. ¿Cómo imaginas que debieron sentirse en ese momento?

Lo último que supe es que los médicos estaban esperando a que sanaran sus heridas para que los posibles tíos pudieran volver a intentarlo. Creo que estaba solo. Tal vez ya haya muerto. Siempre he pensado que la muerte era algo negativo. Pero ¿ahora...? ¿Con todo esto...? Me pregunto si para todos estos niños heridos no sería mejor morir en paz que seguir con vida, heridos, mutilados, en un sistema de salud colapsado y destruido por un opresor desalmado.

En ese mismo hospital, sobre un mostrador, me encontré un dibujo de una casa. Todos y cada uno de los gazatíes están soñando con volver a su casa. (Por cierto, no me gusta usar la palabra gazatí, pero tengo que hacerlo. Detesto el hecho de que las FOI nos han dividido en términos de experiencia, de masacres. Los palestinos de Ramala o Jerusalén no tienen la vivencia de los de Gaza, y viceversa. Todos los palestinos somos uno, pero han logrado que tengamos la sensación de que nuestras experiencias son totalmente ajenas).

Yo también echo de menos mi casa. Echo de menos dormir en mi cama, echo de menos pelearme con mi hermana por quién duerme en el sofá, echo de menos cocinar en mi cocina y echo de menos que mis amigas se queden a dormir en casa. Lo echo de menos todo.

## Domingo 12 de noviembre (día 37)

Me he quedado sin palabras para describir tanto lo que siento como lo que está pasando.

Eso es todo lo que puedo decir hoy.

## Lunes 13 de noviembre (día 38)

A veces Mohamed, Hatem y yo nos dedicamos a especular sobre cómo será nuestra muerte. Yo siempre he pensado que moriría en un accidente de coche, pero ahora ya no estoy tan segura.

Hoy les digo que, si me ven ser víctima de un ataque que resulta en quemaduras o mutilaciones, por favor se abstengan de salvarme la vida. Lo he pensado mucho, y no quiero vivir sin una mano o una pierna. Mohamed dice que él sin una pierna estaría bien. Hatem se queda pensando y dice que necesita tiempo para encontrar la respuesta. No llega a encontrarla.

La víctima perfecta. Eso es lo que espera el mundo que seamos los palestinos. Durante años el mundo ha contemplado pasivamente cómo nos matan, nos desplazan y nos arrebatan nuestros derechos fundamentales.

Esta tragedia sin fin ha condicionado la mente de la gente para dar por hecho que, en tanto que palestinos, nuestro principal papel es sufrir y morir a manos de Israel. Esta normalización de la violencia que se ejerce contra nosotros ha conllevado también nuestra deshumanización. El mundo ya no nos ve como personas que tienen sueños, familias y un futuro, sino como meras cifras en la estadística de un interminable ciclo de opresión. Matarnos se ha instaurado como una norma aceptada, y nuestra existencia ha quedado reducida a un relato de sufrimiento: un sufrimiento entre la muerte y la mera supervivencia.

Esta percepción superficial tampoco da cuenta de las consecuencias que acarrea dicha supervivencia. Las cicatrices físicas y emocionales, el desplazamiento, la pérdida de tus seres queridos, el miedo e incertidumbre constantes... de todo eso no se habla. Sobrevivir no es sinónimo de vivir, es una batalla continua contra el trauma y la desesperanza.

La expectativa mundial de que seamos unas víctimas pasivas nos niega nuestra agencia y nuestra humanidad. Ignora nuestra resiliencia, nuestra resistencia y nuestro anhelo de justicia y dignidad. Debemos desafiar esta percepción distorsionada.

Los palestinos no somos solo víctimas. Somos personas, seres humanos con sueños, aspiraciones y el derecho a disfrutar de una vida digna y en paz. El mundo debe reconocer nuestra lucha no solo en cuanto víctimas de una violencia sin sentido, sino como personas que luchan por el lugar que nos corresponde.

## Martes 14 de noviembre (día 39)

Hoy llueve. La lluvia solía traerme esperanza, pero hoy solo puedo pensar en los desplazados, en cómo van a sobrevivir este invierno. Espero que sobrevivamos a este invierno.

Llevo todo el día intentando grabar un vídeo de actualización de la situación, pero no hago más que quedarme mirando a la cámara, en blanco. Estoy harta de repetir la misma frase una y otra vez, contando que la situación ha empeorado.

Aquí, en el sur, hay muchísima gente. Los mercados y las tiendas están completamente vacíos, hasta el punto de que encontrar algo para comprar es, literalmente, una hazaña. Y en el norte aún queda gente que no ha podido evacuar, porque a lo mejor tienen a alguien que está herido o demasiados niños pequeños o ancianos que no pueden caminar o por cien mil razones más. Migrar desde el norte no es fácil, y cuando llegas aquí tampoco es que la recompensa merezca la pena.

Hatem consigue grabar un momento de pura positividad: una escena en la que dos niños, de unos cuatro o cinco años, se ponen a bailar bajo la lluvia, ajenos a cualquier precaución. Es una escena hermosa y temeraria, rebosante de libertad. Me encanta esa capacidad de los niños para encontrar alegría y esperanza hasta en los momentos más oscuros, tan solo con algo como la lluvia.

## Miércoles 15 de noviembre (día 40)

No duermo más que unas horas cada día. ¿Qué trauma me esperará hoy?

Es un padre que está ingresado en el hospital. Se llama Adam, y me cuenta lo que su hija de cinco años le dijo al recuperar la conciencia después de que su casa sufriera un bombardeo: «¿Todo el mundo se ha ido a dormir y cuando se ha despertado no tenía mano, igual que yo?».

Imagínate, tener solo cinco años y en lugar de estar pensando en jugar, en ropa, en cosas alegres, que lo que te ocupa la mente sean esos pensamientos. De todos modos, pienso más en Adam que en su hija. ¿Cómo logrará dormir sabiendo lo que tiene su hija en la cabeza? No puedo hacer más que rezar para que Dios les conceda fuerza en este trance y que, finalmente, sobrevivan.

Recuerdo que cuando tenía dieciséis años estaba obsesionada con los Tumblr de mensajitos prometedores en plan «Esto también pasará» o «Después de la tormenta llega el arcoíris». ¿Te parece que esas frases siguen siendo ciertas en un Genocidio o solo valen para los problemas del primer mundo? Me encantaría llegar a conocer a los adultos que serán todos estos niños amputados y heridos. Ojalá puedan sanar, aunque creo que hay cosas de las que nunca nos curamos. Simplemente aprendemos a vivir con ellas.

## Jueves 16 de noviembre (día 41)

Últimamente me ha dado por mirar continuamente la hora, como una obsesión. Quiero que el tiempo pase más deprisa, pero este no coopera. Todo va muy lento.

Son aproximadamente las diez de la noche. Estoy pensando en los últimos cuarenta días.

Siento un enorme nudo en el pecho. Quiero llorar, pero sé que, si empiezo, no voy a poder parar. No es que sea una dura ni que esté intentando hacerme la valiente al contener las lágrimas. Es que para llorar necesito mi espacio personal, y no lo tengo. Hasta llorar se ha vuelto un privilegio.

Hoy he vuelto al Hospital Shuhada al-Aqsa. Desearía poder contar cada historia, hablar de cada una de las personas que he encontrado allí, pero no tengo ni el tiempo ni el equipo necesario, y no digamos batería o conexión a internet para subirlo todo. La verdad es que estoy obligada a elegir qué historias merecen ser contadas y cuáles no, como si fuera una especie de retorcido juez del sufrimiento humano. Otra capa más de trauma para quien hace periodismo en Gaza.

Lo más triste es que la gente se ha vuelto reacia a hablar con la prensa. Sienten que no sirve de nada. ¿Quién puede culparlos? ¿Acaso puedo prometerles que contar su historia, revivir su trauma, va a cambiar algo en el mundo? No. Lo único que puedo decirles es que intentaré hacerles justicia, y eso, para quienes están muriendo, no es suficiente.

Creo que la gente en Gaza se divide en dos grupos. El primero lo integran quienes, por dignidad, quieren contar su historia, dejar constancia de que lo que está sucediendo está sucediendo de verdad, para que al menos su vivencia no haya sido en vano. En el segundo están quienes, igualmente por dignidad, no quieren contar públicamente su historia, porque no desean que el mundo los vea como unos desplazados muertos de hambre. Ambos grupos tienen su orgullo, pero en sentidos distintos, y no puedo decir nada en contra de ninguno. No obstante, el segundo grupo está creciendo. Ahora ya nadie quiere hablar.

Los hospitales de Gaza están llenos de niños con amputaciones. Las suyas son, con mucho, las historias más duras. Hace una semana conocí a una niña llamada Fatma —como mi abuela— que había perdido ambas piernas. Estuve hablado con su madre y no dejaba de repetirme que ojalá hubiera sido ella la que perdiera las piernas y no su hija. Me contó que, para ella, Fatma había sido como un milagro, tras catorce años de infertilidad. Y mientras, yo, allí, a su lado como un pasmarote, grabándolo todo sin decir nada y deseando con todas mis fuerzas poder hacer algo para aliviar su dolor y el de Fatma.

Hoy he conocido a otra niña, Bilsan. Tendrá unos diez años. Su sueño es ser profesora, pero ahora mismo está recluida en el hospital, sin brazos ni piernas y con un montón de cicatrices por toda su preciosa cara. ¿Qué ha hecho para merecerlo? ¿Acaso ella ha hecho algo?

A pesar de lo trágico de sus circunstancias, Bilsan aún contagia alegría. Cuando su padre me cuenta que es la más lista de su clase y que después del colegio reúne a todos los niños del barrio para darles clase en el patio de su casa, los ojos de Bilsan resplandecen de orgullo. ¡Una educadora nata!, le dije. El padre sonrió e hizo un comentario sobre la suerte que habían tenido de que Israel atacara su casa por la noche y no por la mañana, al menos los alumnos de Bilsan no estaban allí. Así que tal vez hemos evitado una masacre mayor.

Espero que Bilsan se aferre a su vocación. Espero que persiga sus sueños y que llegue a ser la maestra que quiere ser. Espero que viva y espero que tenga oportunidad de seguir el camino que le dicte el corazón. Espero. Espero. Espero.

Y me pregunto cuántas Bilsans habrá por ahí. Cuántas historias aún sin contar.

## Viernes 17 de noviembre (día 42)

A las criaturas suelo preguntarles qué es lo que más extrañan de su vida anterior al 7 de octubre. Como respuesta suelen hablarme de las clásicas cosas inocentes: mis amigos, mi colegio, mi casa. Hoy me estoy haciendo esta pregunta a mí misma sin encontrar respuesta. No puedo elegir una sola cosa que echar de menos. Lo echo todo de menos. Literalmente, todo.

Echo de menos dormir.

Echo de menos acostarme en mi cama.

Echo de menos despertarme en mi cama.

Echo de menos mis rutinas de la mañana y de la noche.

Echo de menos tener un armario lleno de ropa y quejarme de no tener nada que ponerme.

Hasta mi diario echo de menos.

El de verdad, no este cuaderno feo.

Aunque de todos modos agradezco haberlo encontrado.

Echo de menos el té con mamá, y echo de menos dar ese tiempo por sentado.

Echo de menos pelearme con mi hermana por entrar primero a la ducha.

Echo de menos a Dana.

Echo de menos ver jugar a los niños.

Echo de menos mi casa.
Echo de menos mi vida.
Echo de menos mi Gaza.
Echo de menos una vida que ya no es más que un recuerdo.
Sobre todo, echo de menos sentirme segura.
A veces creo que jamás volveré a sentirme segura.

Es curioso las cosas que un Genocidio cambia en una persona. Si hubiera escrito esto antes del 7 de octubre, lo habría leído y me habría censurado: «¿Y tú quién te crees, una aspirante a poeta?». Pero dado que quien lo escribe es la Plestia del Genocidio, es perfecto. ¿Cómo podrías impostar algo en medio de todo esto?

## Sábado 18 de noviembre (día 43)

Entres mis amistades solíamos tener el debate de si una persona puede dar realmente algo que no tiene. Ahora creo que ya no hay debate. La gente de Gaza necesita más esperanza que nadie, pero no dejan de dármela en abundancia. Hoy puedo afirmar con certeza que quien más necesita algo es quien con más generosidad lo entrega.

He tenido días en los que he estado a punto de hacer crac, y de pronto ha venido algún chiquillo a darme un poco de agua o un caramelo y me ha devuelto la fe en la vida, he sentido de nuevo que sí vale la pena seguir viviendo. Si ese niño al que le han arrebatado todo aún es capaz de mostrar bondad y compasión, yo también puedo.

Los israelíes han matado a mi amigo Ali. Lo he visto en Instagram esta mañana. Ali era mucho más que el camarero de Bellini, el restaurante al que iba siempre antes del Genocidio. Ali era amigo de todo el mundo. Siempre se acordaba de lo que tomabas y tenía una sonrisa que podía iluminar el espacio entero. Lo conocía desde hace más de diez años. El restaurante fue cambiando de ubicación, pero él se quedó siempre, una presencia constante. Cuando volví de mis tres años en Chipre, allí seguía, esperándome. Ali era mítico en Gaza, una figura querida y apreciada por todo el mundo.

El único consuelo ante la noticia de su muerte es la cantidad de historias que han aparecido por todas partes celebrando su vida. En Gaza todos conocíamos y queríamos a Ali, y da la sensación de que todos estamos de luto por su pérdida. Pasar colectivamente el duelo es como un abrazo reconfortante. Me recuerda lo pequeña que es esta ciudad, lo unida que está nuestra comunidad. Es asombrosa la fuerza que puede tener el amor de un sitio tan pequeño.

El mundo a veces nos contempla como si fuésemos terroristas, intentando justificar su complaciente actitud ante nuestra masacre. Y claro que nosotros sabemos lo que piensan, leemos la propaganda como todos los demás. Pero la verdad es todo lo contrario.

En Gaza nadie es solo un número. Aunque perdamos a más personas de lo que puede soportar nuestro corazón, cada una de ellas es recordada, amada y llorada. Porque así desearías que fuera si te pasa a ti, y es lo mínimo que merece cualquier ser humano.

## Domingo 19 de noviembre (día 44)

Hoy es otro día triste. Nos hemos quedado sin gasolina, así que no podemos ir a ninguna parte a hacer nuestro trabajo. Ser periodista ya es difícil…, pero Israel se las arregla para hacerlo aún más imposible.

Y aunque estoy en casa de mi familia extensa, está empezando a pesarme mucho no estar en la mía. Necesito recuperar mi espacio. Siento que me ahogo, y ahora no poder salir lo pone todo peor. ¿Qué se supone que debería hacer hoy? ¿Contemplar simplemente la tristeza en los ojos de todos? ¿O llorar por fin todas las lágrimas que no he derramado? (Pero sin que se te oiga, recuerda, para no perturbar el zumbido constante de los drones). Querría gritar todo lo que siento, pero es un privilegio que no tengo.

Al menos estoy pudiendo ver lo que hace el resto de la gente durante un Genocidio. Mi *teta* se pasa casi todo el día rezando. Divide su tiempo entre leer el Corán y quedarse mirando al vacío, en silencio. Sé que está pensando en su casa y que echa de menos su tele. ¿Y tu abuela? ¿Qué ha hecho hoy?

Mi madre lee para pasar el rato —*40*, de Ahmad al-Shugairi—, pero no creo que lo esté disfrutando. Hay un momento en el que se pone a lavar ropa. De pronto me acuerdo de cuando solía ir a verla al trabajo, a su oficina de directora de secundaria en la American International School. Ahora mi madre está desplazada, en casa de sus suegros en Khan Younis, sentada en el balcón con una pila redonda azul de lavar como compañía. Me ofrezco a ayudarla, pero me dice que no.

Mi hermana sí está haciendo algo: está ayudando a mi tía a hacer pan, lo cual ya es toda una revelación. Aunque en realidad creo que está allí más por la charla.

Y yo… Yo sigo intentando asimilar lo impredecible que es la vida. El año pasado, por estas mismas fechas, estaba viviendo tranquilísima en mi casa en la ciudad de Gaza, llevando esa típica vida de posgraduada en la que te pasas la mitad del tiempo intentando decidir qué hacer con tu vida y la otra mitad viendo la televisión y quedando con otros posgraduados que hacen como si no se pasaran medio día viendo la televisión. ¿Y ahora? Ahora estoy aquí, desplazada.

Creo que en el mundo somos aproximadamente ocho mil millones de personas. No puedo comprobarlo porque no tengo internet. Cada una de esas personas está experimentando el día de hoy de forma única y exclusiva. Pienso en esa mujer que está ahora quejándose de su trabajo, en el niño que lloriquea ante su madre porque no quiere ir a la escuela. ¿Cómo se sentirían si vieran Gaza? Es curioso pensar que la vida de la que una persona se queja puede ser la vida soñada de otra.

Voy a intentar dormir y a desear que Mohamed encuentre algo de gasolina para que mañana podamos salir a trabajar. El otro día mencionó algo sobre unas bicicletas. Pero ¿cómo voy a ir por ahí en bici con el chaleco y el casco puestos? A estas alturas estoy casi segura de que ambas cosas están hechas del mismo material que el martillo de Thor.

## Lunes 20 de noviembre (día 45)

Quizá lo mejor sería suicidarme antes de que las FOI me conviertan en su objetivo y me maten.

No tengo tendencias suicidas. Nunca he dicho algo así en voz alta y no creo que lo haga jamás. Pero lo que está pasando me está desquiciando.

A veces me pongo a darle vueltas a la idea de que morir por Palestina sería un honor. Otras empiezo a preocuparme por la posibilidad de convertirme en un objetivo, sufrir un ataque y sobrevivir, pero desmembrada. Y me imagino que se quedan enterradas mi pierna o una mano, y el resto de mi cuerpo sigue viviendo. Ese pensamiento duele, así que trato de esquivarlo, sobre todo antes de dormir.

Ayer las FOI mataron a Belal Jadallah. Estoy aún en fase de negación. Para mí, Belal ha significado muchísimo, tanto en lo personal como en lo profesional. Antes del Genocidio, en la época en las que hacía prácticas y talleres en Press House-Palestine, Belal era mi mentor, la primera persona a la que iba a contarle mis logros y la primera a la que acudía cuando necesitaba consejo.

Siempre he considerado que el periodismo es una profesión noble, lo que nunca hubiera imaginado es que ser un periodista palestino es un delito. Siempre que veo alguna noticia sobre que han matado a un periodista o han atacado a su familia, me pregunto si la siguiente será la mía. Mi madre ha empezado a pedirme que deje el chaleco de prensa en el coche con Mohamed y Hatem, que no lo traiga a casa. Tiene miedo de que el chaleco y el casco llamen la atención. Obviamente, entiendo su temor, pero me enferma que este sea el mundo en el que estamos viviendo. Toda mi vida he soñado con vestir distintivos de prensa. Ahora tengo que esconderlos como si fuera una criminal ocultando las pruebas el delito. Solo que mi único delito es existir.

Que Israel tuviera a Belal en su punto de mira no es inconcebible, pero creo que en mi cabeza yo daba por hecho que él siempre iba a estar, y ahora ya no está. No quiero escribir sobre él en pasado. No quiero decir «era» en lugar de «es». Ya no está, y yo quiero que esté.

Tenía tantas ganas de poder ir a Press House cuando acabase el Genocidio y enseñarle todo mi trabajo, todos mis logros.

Creo que se habría sentido orgulloso de mí. ¿Qué sentido tiene llevar casco y chaleco de seguridad? Ya no quiero usarlos, no son ninguna protección, es como llevar puesta una diana gigante. Israel tiene a los periodistas en su punto de mira. Y a los médicos. Y a los abogados. Y a los ingenieros. Básicamente, a cualquiera que pueda contribuir a reconstruir Gaza en el futuro.

¿Cuánto falta para que me señalen a mí?

# La última noche en Gaza

La noticia me toma por sorpresa.

Estoy en el Hospital Hamad de Khan Younis cuando, sobre las siete de la tarde, me llama mi madre para decirme que mañana, a primera hora, nos vamos. Tengo menos de veinticuatro horas para prepararme.

Que las fronteras no estén abiertas para que todo el mundo pueda cruzar es una realidad tristísima, y aún más triste es que el motivo de nuestro viaje sea evitar que nos maten, o vernos desplazadas por la fuerza de nuevo, o morir de hambre.

Para cruzar las fronteras, o bien tienes que pagar una suma de dinero absurda, o bien ser tan afortunada como para tener doble nacionalidad o familiares en el extranjero que puedan sacarte de Gaza. Este es nuestro caso. Mi tío es palestino-australiano y ha podido solicitar visados humanitarios de emergencia a través del Ministerio del Interior australiano. Gracias a eso, podemos irnos.

Mohamed y Hatem están conmigo cuando recibo la noticia. No es un momento ni de alegría ni de alivio. Todos estamos tristes. Ellos intentan convencerme de que me quede, como si pudiera elegir. En un momento nos damos cuenta de que no hemos comido en todo el día y de que lo único que tenemos a mano son unas pulseras de caramelo. Esa es nuestra última comida juntos.

Salgo a la explanada del hospital para despedirme de la señora de los pájaros, pero su tienda no está. Sus vecinos (¿se pueden llamar «vecinos», en un campo de desplazados?) me explican que tuvo que desmontarla por la fuerza del viento. Creo que ha encontrado otra tienda donde quedarse, con otra familia, pero no tengo tiempo para buscarla.

Mohamed y Hatem me llevan a casa de mi familia. Es el trayecto más triste de mi vida. Sé que es la última vez que trabajaremos juntos, como un equipo, en ese coche.

Este coche ha sido nuestro hogar. Aquí hemos comido, dormido, cargado los teléfonos, guardado nuestras cosas y pasado una enorme cantidad de tiempo. ¿Quién iba a pensar que un cacharro metálico con cuatro puertas puede llegar a convertirse en el hogar de tres personas?

Cuando llego a casa, subo al piso de mi tío y les cuento a él y a mis primos que nos vamos en un par de horas. Veo que mis primos se alegran por mí, voy a salir viva de esta, pero también veo que están claramente tristes por quedarse atrás.

Intentamos aprovechar al máximo nuestras últimas horas juntos. Recordamos historias pasadas, de cuando éramos niños y el mundo aún no se había venido abajo. Mi prima Belal canta para nosotros y Amani nos prepara capuchinos (el café es escasísimo, estuve horas buscándolo, así que lo estábamos guardando para una ocasión especial). Intentamos no pensar en el futuro, ni en el hecho de que mi familia y yo nos marchamos de Gaza un par de horas después.

Casi no duermo.

## La última mañana en Gaza

Toda mi familia, todos los primos, se levantan temprano para decirnos adiós. Bara'a llora sin parar hasta el último segundo. Le digo que esto es un «hasta luego», no una despedida definitiva. Mohamed y Hatem vienen a buscarnos —a mí, a Judy, a mamá y a la *teta*— y nos llevan hasta el paso fronterizo de Rafah. La *teta* se pasa todo el viaje mirando por la ventana, impresionada por lo abarrotada y desbordada que se ve Gaza. No da crédito ante el hecho de que el principal medio de transporte no sean ya los coches sino carretas tiradas por burros.

Mohamed y Hatem se quedan con nosotras en el paso fronterizo, esperando durante horas hasta que nos llaman para subir a un autobús que nos llevará al lado palestino del cruce. Despedirme de mis compañeros es lo más duro. Durante el último mes y medio, los he visto más que a mi propia familia. Se han convertido para mí en algo más que una familia. He aprendido muchísimo de ellos.

Tenemos esa clase de relación en la que te entiendes perfectamente sin hablar. Espero de verdad que algún día volvamos a trabajar juntos. Y espero que no sea para informar sobre el Genocidio y el desplazamiento forzado de nuestra gente, sino sobre la belleza de Gaza. No quiero ver morir a más gente. No quiero ver a mi Gaza más destruida de lo que ya está.

Durante los últimos cuarenta y cinco días he estado trabajando con Mohamed y Hatem casi 24/7. Vivíamos en el mismo coche y sabíamos que nuestros destinos estaban vinculados. Si moríamos, moríamos juntos. Y si sobrevivíamos, sobrevivíamos juntos. Partir ahora sola, salir de aquí con vida yo sola…, siento que es una traición. Aunque nadie más lo entienda así. Solo deseo que este Genocidio termine pronto.

La vida es impredecible. Un día estás tan tranquila en tu casa y al día siguiente te ves desplazada en un hospital: el primero de muchos desplazamientos. Y otro día te encuentras desplazada de tu propio país. ¿Quién sabe qué será lo próximo? ¿Adónde me llevará la vida?

Recuerdo que durante la Agresión israelí de 2021 me alegré de estar en Gaza, junto a mis amistades y mi familia. Esta vez, me marcho. Esa es la diferencia entre una Agresión y un Genocidio.

Puede que mi cuerpo esté saliendo de Gaza, pero mi corazón se queda allí.

## Dejar Gaza sola

*Gaza, will you long for me?*
*As I long for you?*
*Will you await my return?*
*Will your streets still be there to greet me?*
*Will the woman with the birds still be there when I come back?*
*Will Randa and Lia remember me?*
*Will the sea notice my absence?*
*The idea of me holding on to you,*
*While you move on without me,*
*Terrifies me.*
*I left Gaza today.* *

* Gaza, ¿me añorarás? / ¿Como yo a ti? / ¿Esperarás mi regreso? / ¿Seguirán ahí tus calles para recibirme? / ¿Estará la mujer de los pájaros cuando vuelva? / ¿Me recordarán Randa y Lia? / ¿Notará el mar mi ausencia? / La idea de seguir aferrándome a ti, / Mientras tú sigues adelante sin mí, / Me aterra. / Hoy he dejado Gaza.

# El después

El mundo es muy grande, pero para mí no hay sitio en él.

NOVIEMBRE DE 2023

Ahora mismo estoy en Egipto y en el cielo no hay más que estrellas.

Hace un par de horas que no oigo el estruendo de las bombas. No estoy habituada. Miro hacia arriba y solo veo estrellas, ni drones ni cuadricópteros. Estoy en una habitación de hotel con todas las comodidades, varias opciones de iluminación, dos camas cómodas y hasta un baño con bañera y agua caliente. Me siento enormemente privilegiada. Demasiado privilegiada. Tan privilegiada que decido no ducharme, me acuesto tal cual sobre las sábanas limpias, con la ropa sucia que he llevado todo este tiempo. La Plestia de antes del Genocidio me habría juzgado sin piedad por hacerlo.

¿Cómo puede ser que, a solo unos kilómetros de aquí, en Gaza, la vida sea completamente distinta?

Hoy voy de compras y, por primera vez en mi vida, no me parece una actividad disfrutable sino una tarea. Odio que todo me parezca inútil, pero es que todo lo es. Normalmente soy muy particular con la ropa y muy selectiva con lo que me pongo, pero hoy me vale cualquier cosa, porque no tengo nada que ponerme. Me siento muy afortunada de poder comprarme una chaqueta, mientras mis amigas en casa deben de estar ahora mismo tiritando de frío.

¿Y sabéis qué es lo que de verdad me da rabia? El hecho mismo de sentirme privilegiada por haber podido dormir en una cama y comprarme una chaqueta. ¿Hasta ese nivel he de bajar mi baremo solo por ser palestina?

¿Te acuerdas de que antes contaba que en Gaza me encontraba en todos lados con amistades y familiares porque todo el mundo estaba desplazado a la vez? Aquí me está pasando lo mismo. Hoy, en el centro comercial de El Cairo, he visto a varias personas que conozco de Gaza. No es un consuelo en absoluto. Me entristece que todos nos hayamos visto obligados a dejar nuestro hogar en busca de seguridad.

Hay mucha gente que me reconoce por las noticias y por las redes sociales, y que se acerca a saludarme y hacerse fotos conmigo. Me expresan su aprecio, por mí y por mi trabajo, y suelen decirme que tienen la sensación de que me conocen, casi de ser amigos. Me dicen muchas cosas bonitas, supongo, pero yo no puedo hacer más que quedarme ahí, aparentemente sonriendo, pero sin escuchar realmente. Mi cabeza está en otra parte.

Obviamente agradezco el cariño y el apoyo de la gente. Pero yo no me veo como me ellos ven. No me siento una heroína. Creo que lo que yo he hecho no es nada teniendo en cuenta lo que verdaderamente está ocurriendo. Probablemente no llegué a documentar ni un 10 por ciento de lo que está pasando la gente en Gaza.

Físicamente estoy en Egipto, pero mentalmente estoy en Gaza. No dejo de preguntarme cuántos palestinos más tienen que morir para que esto termine. ¿Cuánto más de Gaza tiene que ser destruido para que Israel diga «basta»? Me siento enormemente ingenua. Cada noche me acuesto diciéndome que las cosas ya no pueden ir a peor y cada día siguiente vienen a demostrarme lo equivocada que estaba. Tengo el corazón roto y es un dolor que se escapa a las palabras.

La vida no volverá a ser igual. Desde el 7 de octubre mi visión del mundo ha cambiado irreversiblemente.

Yo tampoco volveré a ser la misma Plestia de antes.

## DICIEMBRE DE 2023

Una vez leí un libro titulado *En diciembre, todos los sueños se acaban*. No recuerdo de qué trataba, y en general los libros con títulos negativos no suelen apetecerme, pero sí recuerdo que quise leerlo porque diciembre es mi mes favorito. En diciembre hay una alegría especial en el aire. Así que me intrigaba cómo sería la historia de alguien a quien no le gustara. ¿Cómo es posible?

Para mí, cada diciembre es un recordatorio anual de la distancia que has recorrido en la vida. Aunque no te guste tu vida o no estés orgullosa de la versión de ti que has sido, diciembre te ofrece la oportunidad de hacer limpieza de todo lo que te sobra y empezar de nuevo. Es un mes para visualizar, soñar y propiciar un nuevo comienzo. Además, el frío te da una excusa perfecta para entregarte a la pereza y quedarte en la cama viendo pelis con un chocolate caliente. ¿Qué más se puede pedir?

Recuerdo que un diciembre, cuando estaba en la secundaria, un día hizo tanto frío en Gaza que cancelaron las clases. ¡Y era mi cumpleaños! Fue el mejor día de mi vida. De pequeña solía celebrar la Navidad con Yara y su familia. Iba a su casa después de clase, pedíamos comida basura (normalmente pizza de Al-Taboon) y decorábamos el árbol y la casa a nuestro antojo. Por supuesto, haciendo pausas frecuentes para bailar «Y.M.C.A.».

Diciembre siempre me ha tratado bien. Hasta este año.

Este año, las casas en las que la gente disfrutaba de la calidez de la temporada han mutado en gélidas tiendas de campaña que guardan los restos de sus pertenencias. Personas que deberían estar soñando y propiciando nuevos comienzos están muriendo asesinadas. Los cristianos, que estarían celebrando la Navidad como Yara y su familia, están ahora atrapados en unas iglesias que deberían estar iluminadas con luces, alegría y cánticos. El sonido de la fiesta y los fuegos artificiales ha sido sustituido por el de los ataques aéreos. Los padres, que irían cargados de bolsas con regalos para sus hijos, llevan en cambio bolsas con los miembros amputados de sus hijos. La alegría que se respiraba en el aire se ha convertido este diciembre en tristeza y en duelo.

Ahora entiendo cómo, en diciembre, todos los sueños pueden llegar a su fin. ¿Cómo puede un palestino soñar con un nuevo año, con un nuevo comienzo, si ni siquiera sabe si seguirá vivo el próximo minuto?

Aun así, por muy irreal que parezca tener esperanza, voy a intentar que la desesperanza no me gane. No tengo control sobre mi vida en este momento. No puedo darme el lujo de tomar decisiones propias. No tengo opciones. Pero sí tengo control sobre otra cosa: mi espíritu. Así que mi único propósito para el año nuevo es no permitir que nadie —ni siquiera la ocupación israelí— lo destruya.

Hoy es mi cumpleaños. Mi día favorito del año.

Siempre me han encantado los cumpleaños y festejar a la gente. En particular, me encanta mi cumpleaños. ¡Me siento el centro del universo, como si el mundo entero girara a mi alrededor! Pero este año es distinto. Estoy lejos de cualquier alegría. No me siento vista. No me siento tratada como un ser humano.

Resulta irónico que el 10 de diciembre sea también el Día de los Derechos Humanos, el día en que, en 1948, la Asamblea General de la ONU proclamó en París la Declaración Universal de los Derechos Humanos. Es el documento más traducido del mundo. Designa los derechos humanos fundamentales que internacionalmente hemos acordado que deben estar garantizados para todos los seres humanos de la Tierra. A menos, por lo que se ve, que sean palestinos.

Hoy he cumplido veintidós años, pero me siento mucho mayor. Las experiencias que he vivido me han envejecido. Hoy no tengo sensación de cumpleaños, el día parece más un recordatorio de que en este mundo no tengo más derechos que el derecho a morir.

Sin embargo, si debo estar agradecida por algo, es por que, en medio del peor escenario posible, se ha cumplido el mejor escenario posible. Mi familia y yo estamos a salvo, hemos salido con vida. Mi deseo de veintidós cumpleaños es una Palestina libre.

## Enero de 2024

Hoy es 5 de enero de 2024.

Sí, has leído bien la fecha. Estamos en 2024 y aún sigue el Genocidio. Cabría pensar que a estas alturas las cosas habrían ido mejorando, pero no: no hacen más que empeorar. Y el número de muertos sigue creciendo. Leo las noticias cada día, esperando encontrar algo que no sea Israel asesinando, desplazando y matando de hambre a los palestinos, pero no. No hay nada.

Así que miro vídeos que muestran cómo mi tierra está siendo borrada del mapa. Y me parte el alma porque ya no reconozco los lugares ni los barrios de Gaza. Decir que se me parte el alma es quedarse corta. Y mi cerebro racional me dice que aún no hemos llegado a lo peor, porque parece que nunca llegamos, pero ya no imagino cómo puede empeorar esto.

Deben de ser las once de la mañana. Me despierto, me lavo la cara, me cepillo los dientes y voy a la cocina a hacerme un té. Abro mi portátil y me pongo a trabajar. Parece una mañana normal, hasta que veo un tuit de mi amiga Heba:

> Echo de menos levantarme por la mañana, hacerme un café y abrir el portátil. Así de simple.

Soy consciente de lo privilegiada que soy por tener un techo, agua para lavarme la cara, una cocina donde hacerme una taza de té para empezar el día. ¿En qué clase de mundo vivimos en el que, para algunas personas, tomarse un café y usar un portátil es solo un sueño?

Mi taza de té se queda ahí, intacta, mirándome.

Me doy cuenta de que últimamente he escrito mucho menos. Es porque no tengo ganas. La verdad es que no tengo ganas de hacer nada. Me paso medio día mirando al techo hasta que me duermo, y el otro medio intentando contactar con los amigos que aún viven.

No tengo nada interesante que contarte.

Febrero de 2024

Rara vez releo lo que escribo, pero pienso mucho en cómo cambian nuestros recuerdos cada vez que los evocamos. En nuestra mente, un recuerdo puede no reflejar con precisión lo que ocurrió de verdad. Creo que por eso aprecio tanto mi diario; me ayuda a documentar y a recordar las cosas de forma precisa, y puedo volver a él si necesito revivir un recuerdo. Hay algo brutal y bellamente honesto en la urgencia e inmediatez de escribir algo que sabes que no podrás modificar.

Echo de menos el mar de Gaza. Solía ir mucho al café Q, junto al mar. Me sentía como en casa. Hoy me llega la noticia de que ha sido destruido, bombardeado por las FOI en otra demostración banal de destrucción. Estoy devastada. No tanto por el edificio en sí, sino por la idea de que Israel está destruyendo sistemáticamente todos nuestros recuerdos más preciados. No están dejándonos nada que nos ampare.

No tengo palabras para expresar cuánto odio mi vida en este momento. Ni siquiera puedo llamarla vida. Siento que estoy de espectadora, mirando la vida de los demás desde fuera sin participar en ella, viendo cómo el resto sigue con su vida mientras yo estoy atrapada en mi propia mente. Solo quiero ser feliz. Feliz de verdad. No con esa forma engañosa de alegría que me daba el hecho de sentir que por fin estaba trabajando como periodista, y que pasaba por alto que lo hacía cubriendo el Genocidio de los míos.

Ahora mismo siento que esta tristeza va a estar conmigo siempre. Me repito que nada es para siempre, que también pasará y que podré volver a ser feliz. Pero, ahora mismo, todo eso lo veo lejísimos.

Por una *story* de Instagram me entero de que las FOI han matado a mi amiga Shima.

Nunca imaginé que sabría de su muerte a través de las redes sociales, ni tampoco que tendría que despedirme de ella a una edad tan temprana. Estoy viendo *stories* y me encuentro con una de un contacto que tenemos en común y que ha publicado una foto suya con el texto «Que su alma descanse en paz». Leo las palabras varias veces, sin entenderlas. ¿Shima se ha ido para siempre?

La conocí en décimo grado. Era la chica callada de la clase, esa persona que habla solo cuando tiene algo (normalmente inteligente) que decir. Quedábamos mucho. Hicimos un curso de inglés juntas durante dos años y nos hicimos muy amigas. Me invitó a su cumpleaños y recuerdo bien la fiesta en su casa con su familia y amistades.

Nos unió nuestra pasión por leer y escribir. Nos intercambiábamos libros en los que marcábamos nuestras partes favoritas con notas adhesivas para no estropear las páginas con subrayados. El último libro que intercambiamos se llamaba *Piensa en grande*. No recuerdo de qué iba, pero lo que sí recuerdo bien es el placer de tener una amiga con quien compartir mi pasión por la lectura.

Odio el hecho de que yo estoy aquí y ella no. Y lo que más me duele es que no recuerdo la última vez que hablamos. Pensaba que teníamos toda la vida por delante, que podríamos vernos cuando quisiéramos. Dando ese futuro por seguro, me bastaba con mantener nuestra relación reaccionando a sus *stories* en redes; con saber que Shima estaba contenta y viva ya me bastaba.

Siempre pensé que tendríamos más tiempo. Pero lo cierto es que no lo tuvimos. Y ya no lo volveremos a tener. Y eso será cierto para todas mis relaciones mientras Israel siga ocupando Palestina. Es una lección que he aprendido por las malas.

En el fondo, sé que ahora está en un lugar mejor.

Me encantaría entender cómo es posible que mi yo de diciembre considerara que sobrevivir era el mejor escenario. Porque ¿ahora mismo? No lo veo. Aunque estoy viva y a salvo, creo que ni siquiera estoy cerca de saber qué significa de verdad estar viva. Siempre me ha costado entender el hecho de la muerte: en un momento la conciencia de una persona está presente y al siguiente desaparece, pero lo que últimamente me cuesta entender es el hecho de estar viva. ¿Cómo se puede estar en medio de tanta gente y al mismo tiempo sentirse tan ausente?

En Gaza todo el mundo tiene su identidad: somos médicos, periodistas, emprendedores… Pero fuera de Gaza, ¿quiénes somos? Fuera de Gaza nos convertimos en una estadística más: refugiado número 120, el siguiente, por favor. En Gaza todo el mundo tiene un hogar, fuera solo somos turistas indeseados. ¿O tendría que decir «refugiados»?

Vivimos en un mundo en el que ser palestina y estar viva es un lujo; en el que para merecer empatía debes tener alguna amputación, como si esa circunstancia debiera producir compasión y no indignación. Si eres palestino, la gente espera verte solo llorando y desplazado. Eres palestino, no eres humano. No puedes tener aficiones ni intereses, solo puedes ser una víctima. Una víctima perfecta que encaje en la narrativa global sobre lo que vale nuestra vida.

El mundo se ha acostumbrado tanto a que Israel nos mate y torture que ha olvidado que, esencialmente, somos seres humanos que lo único que quieren es vivir una vida normal. Vivir seguros en nuestra tierra.

MARZO DE 2024

Pasan los días y yo sigo sobreviviendo. No viviendo.

Estoy en Australia, sentada en una galería acristalada en casa de *khalo* Tareq. De todos los sitios del mundo, jamás imaginé que acabaría aquí, en un país del que no sé nada, más allá de que hay canguros y arañas. De pequeña, no recuerdo haber visto jamás una noticia sobre Australia en la televisión.

*Khalo* Tareq tiene dos hijos que están encantados de que sus primas hayan venido de visita por fin. No paran de preguntarnos a qué sitios nos gustaría ir, qué comida nos apetece probar, explicándonos los lugares favoritos a los que quieren llevarnos. Es tierno, la verdad, pero yo lo único que quiero es dormir, pulsar un botón y desconectar mis pensamientos y sentimientos hasta mejor ocasión. Tienen gracia, y me regalan una camiseta que dice «CINCO MINUTOS MÁS», por mis balbuceos adormilados cada mañana.

Por su insistencia, el primer sitio que vamos a ver en Australia es el zoológico. Puedes imaginar cómo me siento yendo a ver animales enjaulados. Pero igualmente voy, porque me importa mi familia y estrechar la relación con mis primos, y soy consciente de lo emocionados que están con el plan.

Mientras estamos en el zoológico, se anuncia un alto el fuego temporal en la Franja de Gaza. Aunque parezca una buena noticia, no lo es. La matanza de palestinos se detiene durante un par de días, como si fuera un videojuego. Y en esos días los palestinos se enterarán de la muerte de sus amigos y familiares, buscarán entre los escombros intentando recuperar sus cuerpos e irán a ver lo que queda de sus hogares bombardeados. Mientras yo estoy en el zoológico.

Sin duda, Australia es mucho más que canguros y arañas, pero ahora mismo siento que vivo a la vez en dos mundos muy distintos. Una Plestia está en un zoológico suburbano de Melbourne, la otra está en un edificio bombardeado de Gaza, con mi gente. Me siento atrapada. Me desagrada la perspectiva que me ofrecen ambos mundos. Espero que el sentimiento sea solo pasajero.

Ya conozco la nostalgia. Cuando estudiaba en Chipre, lejos de casa, la sentía a veces. Pero esta nostalgia es distinta. Ahora el hogar que extraño ya no existe.

Cada día que pasa mientras continúa el sufrimiento de mi pueblo y el mío propio es un día difícil, pero algunos días son más duros que otros.

Hoy es el Día Internacional de las Mujeres y me pregunto qué sentido tiene celebrarlo. ¿Es internacional de verdad? En este día, mientras supuestamente se celebra y se honra a las mujeres de todo el mundo, en Gaza hay miles de mujeres que están siendo asesinadas, o están muriendo de hambre, o son desplazadas y torturadas de todas las formas imaginables.

Hoy pienso en todas las niñas que se han visto obligadas a convertirse en mujeres demasiado pronto y en todas las que ni siquiera tuvieron esa oportunidad. Pienso en las madres que han sufrido pérdidas inimaginables y en las mujeres embarazadas que, como pueden, buscan comida e intentan cuidar de sí mismas. Pienso en el trauma que han sufrido todas las mujeres de mi familia durante generaciones, en mi *teta*, que fue desplazada de Jaffa con solo dos años.

Y pienso en mamá y en todo lo que ha pasado. Nació y creció en Kuwait. Fue a la universidad en Jordania y allí se casó con mi padre. Se mudaron primero a Irak, allí estuvo siete años, luego a Pakistán, donde estudió su máster y, a los treinta y tantos, se instaló en Gaza. Allí ha vivido veinte años. Ahora, en la cincuentena, se ha visto obligada a mudarse de nuevo debido al Genocidio, esta vez a Australia. Es como si ser palestino, o estar casada con uno, hiciera que tu vida fuera una serie de continuos desplazamientos.

Lo único que puedo hacer es rezar para que las cosas mejoren y aferrarme como puedo a un hilo de esperanza.

Estoy mirando el móvil, haciendo *scroll*, aburrida, cuando me llega una notificación de Dana.

Tendrías que verme la cara, la alegría que me da. Por un momento ni siquiera quise abrir ni leer el mensaje, solo quería ver en la pantalla una notificación con su nombre. Dana es como una segunda hermana para mí. Solíamos contarnos cada pequeña cosa que pasaba en nuestras vidas, y estar tan lejos de ella, sin saber nada de su vida, ha sido muy duro.

Me acuerdo de cuando, en 2021, mamá y Judy se fueron a Egipto un par de semanas, y Dana y su hermana Rafaa se quedaron a dormir en mi casa. Fue uno de los momentos más divertidos de mi vida. Cocinábamos o pedíamos comida cuando nos daba la gana, salíamos por ahí y luego volvíamos juntas a casa.

No soy capaz de explicar con palabras todo lo que quiero a Dana ni lo que nuestra amistad significa para mí. Me cuesta tanto no poder hablar con ella a diario, ni oír siquiera su voz. Me escribe cuando puede, que es cada dos semanas más o menos... Una vez estuvo un mes entero sin escribirme por culpa de internet.

La vida ya es bastante difícil, y ahora aún más, porque no puedo hablar con Dana. Al menos sigue viva. Pero es un asco vivir en un mundo donde tendría que sentirme agradecida y feliz de saber que mi mejor amiga sigue viva.

Quería pasarme el día respondiendo a los mensajes atrasados de WhatsApp y escribiendo a mis amistades para saber cómo están, pero no lo hago. En cambio, me dedico a mirar sus perfiles, a observar sus fotos. En Gaza ya nadie tiene el mismo aspecto que antes, todos están más delgados y la tristeza se refleja en su rostro.

A Salma, una compañera de clase, la conozco desde que éramos niñas. En su foto de perfil se la ve con sus padres, en su graduación universitaria. Yo estaba allí, la foto la hice yo. Capté el orgullo de sus padres y lo contenta que estaba Salma de que su familia estuviera con ella en su gran día. ¿Y ahora? Salma está atrapada en el extranjero, cursando un máster, pero su cabeza está con sus padres, en Gaza.

Nour fue compañera mía en Press House-Palestine. Pero Press House no existe ya, fue destruida. En su perfil tiene una foto de su casa, bombardeada.

Mi amiga Yara tiene una foto de ella con su sobrino, Maher, jugando en el jardín de su casa. La imagen rebosa ternura y naturalidad: se los ve muy felices juntos. Pero Maher ya no es ese niño inocente de tres años. En los últimos seis meses ha cambiado mucho, se ha hecho mayor. ¿Cómo no iba a ser así, con todo lo que ha visto? En Gaza, a los niños no se les permite ser niños. Maher ha cumplido cuatro años durante el Genocidio y su cumpleaños lo pasó refugiado en una iglesia.

Sigo haciendo *scroll* por mi WhatsApp. A mis amigos que no viven en Gaza se los sigue viendo igual, felices. No hay tristeza en sus ojos, no han perdido peso, los sitios en los que tomaron sus fotos de perfil siguen existiendo y de la gente que sale en sus fotos grupales no falta nadie.

No los envidio, me alegra que en este planeta siga habiendo gente que está sana y a salvo. Lo que no me cabe en la cabeza es que el valor de tu vida pueda depender de que nacieras en un sitio o en otro. ¿Por qué los palestinos están tan deshumanizados que al mundo le parece que morir es nuestro destino por designio divino? Si lo que ocurre en Gaza pasara en cualquier otro país, ¿el mundo se mantendría igual de mudo e indiferente?

Hoy un francotirador ha matado a Ameer Abu Aisha. Ameer era una roca, manteniendo siempre la calma en su puesto en la Media Luna Roja, incluso ante la noticia de la muerte de sus familiares, incluso con su equipo desbordado. Con todo, encontró tiempo para ayudarme y darme apoyo, como a todo aquel que se lo pedía. Hemos perdido a tantas almas maravillosas en este Genocidio, víctimas de la brutalidad del régimen israelí. Que descanse en paz.

Salir de Gaza ha sido, sin duda, la decisión más difícil de mi vida, y no tuve mucho tiempo para tomarla. No dejaba de preguntarme qué tipo de culpa sería más vivible: ¿la culpa del superviviente por salir de Gaza? ¿La culpa del superviviente por ver morir a mis seres queridos y seguir con vida? No le deseo a nadie que se vea en situación de elegir entre quedarse en su tierra o salvar la vida.

La triste verdad es que en Gaza todo el mundo siente esa culpa del superviviente de una forma u otra. Un palestino está llorando la pérdida de un familiar y su dolor se duplica al enterarse de que, en otra familia, han muerto todos sus miembros y solo queda un superviviente. Y ese superviviente, a su vez, ve su dolor duplicado al saber que hay familias que ni siquiera pueden enterrar a sus seres queridos, pues siguen bajo los escombros. Es un ciclo infinito.

¿Y sabes la ironía de la vida? Me llegan mensajes de personas de todo el mundo, desconocidos, que me confiesan que sienten culpa del superviviente solo por poder comer, dormir, jugar con sus hijos o ir a la universidad. Esto me ha hecho entender que todos tenemos culpa del superviviente, seamos palestinos o no. La ironía está en que todos somos víctimas de este mundo. Así que, si hemos de sentir algo, tendría que ser compasión por nosotros mismos.

Vivir en un mundo en el que se tolera la matanza de bebés y niños solo por el hecho de ser palestinos es devastador. Y resulta que protestar por ello o señalar que está mal puede acarrearte que te despidan del trabajo o te expulsen de la escuela por herir los sentimientos del asesino. ¿Nos hemos deshumanizado tanto que matar se ha vuelto justificable y normalizado?

Quizá te estés preguntando qué hacer, entonces, para no sentir culpa de superviviente ni autocompasión. La respuesta es que debemos seguir alzando la voz por Palestina, por mucho que eso no cambie el mundo. Pero lo que no debemos permitir es que el mundo, por cruel que sea, nos cambie el corazón. Es importante que al final del día, cuando te mires al espejo, puedas contemplar a una persona que sigue defendiendo lo que es justo en este mundo.

ABRIL DE 2024

Estoy leyendo un libro de Ghassan Kanafani que se titula *Un mundo que no es nuestro*. Es una compilación de relatos. En un principio, el título me llamó la atención, porque refleja exactamente mi sentimiento como palestina: vivo en un mundo que no es mío. Porque ¿qué mundo mío permitiría la matanza de miles de mis compatriotas? ¿O el desplazamiento forzado de la misma población? El mundo es muy grande, pero para mí no hay sitio en él.

Al final de cada relato, Ghassan anota el lugar y el año en que lo escribió. Esto me entristece porque, ahora mismo, yo estoy en Australia, escribiendo sobre Gaza. Y yo quiero estar en Gaza, escribiendo sobre Gaza. Quiero poder firmar mi libro, al final, poniendo «Gaza 2023/2024», pero no podré. Es un detalle nimio, quizá debería contemplar la perspectiva general.

El primer relato del libro habla de un niño al que le regalan un jilguero. Se pregunta por qué el pájaro no deja de moverse en su jaula, y su hermano mayor le explica que las aves necesitan de dos a tres meses para adaptarse a un nuevo entorno y que lo normal es que el jilguero intente escapar. El niño se compadece y compra una jaula más grande, esperando que al tener más espacio el pájaro se adapte antes. Pero no lo hace. El jilguero no se adapta nunca y muere igual. No es una historia feliz.

Ese jilguero es todo palestino. Yo misma estoy desplazada a la fuerza en Australia, y se espera que sea capaz de adaptarme. Por lo menos, para alguien de mi edad, sería factible, pero no dejo de pensar en la *teta*. Tiene más de setenta años. Se ha visto desplazada muchas veces en su vida. Nació en Jaffa y logró adaptarse a la vida en Gaza, sobre todo gracias a sus dotes de socialización. Pero ¿aquí en Australia? ¿Qué va a hacer, empezar de cero, en una lengua completamente nueva, a su edad?

A lo mejor está feo escribir esto, pero la *teta* ha cambiado. Ya no se comunica con nosotras. Su mente está absoluta y completamente en Gaza, así que se pasa enganchada a la televisión prácticamente las veinticuatro horas, atenta a cualquier noticia sobre su país. Está totalmente absorta. Y cuando intento hacérselo notar, ni siquiera me escucha.

En una entrevista me preguntan qué me ha enseñado el Genocidio. Y respondo con bastante agresividad. Digo que ya sabía bastante de la vida y que no necesitaba que viniera un Genocidio a enseñarme nada más. Al final acabamos riéndonos, cambiamos de tema y esa parte de la entrevista no llega a emitirse. Pero al recordarlo, entiendo que lo dije con amargura porque odio la idea de que hayan tenido que morir 33.000 personas (según el último recuento) para que alguien aprenda una lección. Fue una pregunta de mal gusto.

Hoy estoy contenta. Y hace tanto tiempo que no me sentía así que casi había olvidado los que significa esa palabra.

¡Yara está en Australia!

La última vez que quedé con Yara fue en Gaza el 6 de octubre. Lo recuerdo como si fuera ayer. Era viernes, y hacía un bonito día con una brisa agradable. Yara y su padre pasaron a recogerme en su Volkswagen Golf plateado, y nos llevó a Level Up, un restaurante conocido por las vistas que tiene. Es uno de los edificios más altos de Gaza y desde él se divisa casi toda la Franja. Es irónico, y un poco triste, pensar que estuve allí justo el día antes de que comenzara el Genocidio.

Cuando llegamos, el sitio estaba casi vacío y nos sentamos en una mesa que tenía un enchufe cerca, para poder usar los portátiles: habíamos quedado para hacer la solicitud de plaza en nuestros másteres. Pedimos dos chocolates calientes y una pizza. No me preguntes cómo funciona esa combinación, la cosa es que funciona.

Y acabo de darme cuenta de que pizza y chocolate caliente fue mi última comida de verdad en Gaza.

Ese día, Yara y yo hablamos de la vida después de graduarnos, de lo que nos depararía el futuro. Me acuerdo de que ambas mirábamos al cielo, y comentamos lo hermosa que era Gaza y el enorme potencial que tendría de no haber estado bajo ocupación. Ese día no solicitamos plaza en ninguna universidad; claro, siempre hablábamos más de lo que trabajábamos. Ahora, al recordarlo, agradezco mucho haber tenido esa conversación, habernos despedido juntas de Gaza.

Y hoy, 6 de abril de 2024, exactamente seis meses después de aquella comida, aquí estamos, dos chicas de la Franja de Gaza, una zona de tan solo 365 kilómetros cuadrados, quedando en Melbourne, una ciudad con una superficie de casi 10.000 kilómetros cuadrados. Hasta me pongo nerviosa antes de salir, como si fuera la primera vez, y escribo a Yara. Me dice que el sentimiento es mutuo. ¡Muy fuerte!

Hablamos sobre lo que vamos a ponernos y me envía una foto de su ropa, preguntándome si es adecuada. ¡Lleva una camiseta negra básica! Pero desde octubre del año pasado no se ha arreglado para salir, así que está nerviosa. A lo mejor te parece un detalle menor, pero piensa cuál debe de ser su estado mental para pensar así. Me doy cuenta, otra vez, de que los palestinos que vivimos el Genocidio hemos olvidado lo que es la vida normal.

*Fast forward* al momento en que ya estamos juntas en la ciudad. Nos pasamos todo el tiempo hablando de dos cosas: una, Gaza y nuestra experiencia de los últimos meses, y dos, de que tendríamos que intentar disfrutar del tiempo juntas y no pasarlo hablando de nuestro trauma. Evidentemente, fracasamos con lo segundo. Pero, ¿sabes?, para mí no deja de ser interesante escuchar a la gente de Gaza hablar de sus sentimientos y de su experiencia durante el Genocidio. Hay algo increíble en el hecho de que cada persona lo esté viviendo de forma diferente.

Luego grabamos juntas un vídeo de TikTok. Me encanta grabar tiktoks, y en ese momento me doy cuenta de que este es el primero que hago desde octubre. Y me pongo nerviosa. Por grabar un vídeo de TikTok. Como si estuviera haciendo algo por primera vez.

No des nada por hecho. Disfruta de cada detalle de tu vida. Lo que te parece aburrimiento puede ser el día soñado de otra persona. Es posible que lo que acabo de contar te suene como cualquier plan normal entre amigas, y quizá pienses que le estoy dando más importancia de la que tiene. Pero hubo días, el año pasado, en los que no pensé que saldría de esta con vida. Y ha habido días este año en los que me he sentido a salvo en Australia, pero no sabía si Yara también saldría con vida. Así que si hace seis meses me hubieras dicho que hoy estaríamos aquí juntas y a salvo, en Australia, no lo hubiera creído.

El otro día Amin y yo estuvimos hablando sobre el potencial de los palestinos. Amin es un palestino/australiano, vive en Australia y nuestras familias se han hecho muy amigas. Yo le decía que los palestinos, por nuestra situación, solemos ser muy ambiciosos. Tenemos que esforzarnos el doble para triunfar en la vida, porque ser palestino significa que el resto del mundo te vea como un ser infrahumano. Hay que estar siempre demostrando lo contrario.

Entonces Amin sacó el ejemplo del padre de Yara, Maher, que nada más llegar a Australia ya estaba ideando negocios para emprender. Al principio no entendí lo que quería demostrar, a mí me parece lo normal, e incluso había hablado de ello con Maher por entonces. (De hecho, le sugerí que abriera un restaurante de *manakish*, porque prepara unos deliciosos *manakish*, sobre todo los que llevan *zaatar*).

Lo que me dijo Amin es que la actitud de Maher no era normal, que debería darse un descanso, y que es triste que los palestinos sientan que tienen que vivir siempre en modo supervivencia, temiendo todo el tiempo lo que pueda venir. Y me dije: «Oh, tiene razón». Yo daba por hecho que la actitud de Maher era normal, pero para una persona «normal de verdad», como Amin, que es palestino, pero se ha criado en el extranjero, era algo que llamaba la atención. Y ahora estoy de acuerdo con él y ya no puedo no verlo. Y me da rabia que los palestinos —al menos los que se han criado allí— no puedan darse el lujo de relajarse ni siquiera unas horas al llegar a un nuevo país.

Por el lado positivo, algo que siempre he admirado de los palestinos es nuestra creatividad. De hecho, me gusta llamarlo «trauma *glow up*», que significa negarse a vivir anclados en la mentalidad de víctima, llorando por el pasado, sino transformarlo en una fuerza creativa para seguir adelante. Por ejemplo, los niños de Gaza ya no tienen juguetes, pero cuando me fui estaban usando los cables del alumbrado público para jugar a la comba (recuerda que no hay electricidad). Podemos llorar por lo que hemos perdido —al fin y al cabo, somos humanos—, pero no nos quedamos ahí. Inmediatamente tiramos de creatividad. Una vez vi en Gaza una tienda de campaña construida con latas.

Eso sí que es creatividad.

¿Sabes una cosa que me irrita profundamente? La doble moral. No entiendo a esa gente que dice apoyar a Palestina y al tiempo promociona marcas que están incluidas en la lista del boicot.

Una cosa que tengo es que prefiero centrarme en los comportamientos positivos y apoyarlos cuando los veo. Por ejemplo, nunca he publicado nada en redes señalando a quienes no están haciendo boicot, he preferido centrar mi atención en quienes sí lo están haciendo, dándoles apoyo y agradecimiento. Pero este es mi diario, así que aquí puedo expresar lo que pienso de verdad.

Lo que más me molesta no es tanto que promocionen marcas que están en la lista del boicot, sino que se permitan publicar *stories* sobre Palestina, hablando de la impotencia que sienten y preguntando cómo pueden ayudar y, mientras, están ganando dinero con las marcas que dan apoyo a quienes están destruyendo mi tierra.

No estoy diciendo que yo sea perfecta. No soy más que una chica palestina que intenta hacer lo posible por ayudar a su país con los medios que tiene. Cuando estaba en Gaza, hacer boicot no era una opción, porque el acceso a las necesidades básicas era limitado. Pero ahora que estoy en Australia, hago todo lo posible por cumplir el boicot. Un tiempo atrás compré unos zapatos de rebajas sin saber que la marca estaba en la lista de boicot, me lo dijo Judy dos meses después. Me puse enferma, y desde entonces he tratado de ser más cuidadosa. Intento vivir de una forma que me permita dormir por las noches. Si hay alguien que es capaz de dar publicidad a una marca que apoya un genocidio sin que eso le quite el sueño, adelante. Nadie puede obligar a nadie a hacer nada.

Por cierto, son las cuatro de la mañana. Sigo despierta porque es Ramadán, así que me digo a mí misma que hay excusa. Me estoy mintiendo, claro: mi patrón de sueño es un desastre; si no fuera Ramadán, probablemente también estaría despierta.

#ABtalks acaba de publicar en Instagram un *teaser* de su pódcast y es un episodio en el que salgo yo. Mi amiga Reem ha comentado mencionándome y recordándome que ese programa es una de las primeras cosas que nos unió.

Al pensar en ello, y en ella, se me saltan las lágrimas. A Reem la conocí en Press House-Palestine, cuando aún existía. Participó en uno de los talleres que impartí en el English Media Club, y era una de mis favoritas. Es un año menor que yo, y conectamos enseguida gracias a #ABtalks y a todas las cosas que teníamos en común. Solíamos comentar nuestros episodios favoritos.

Y ahora estoy en #ABtalks. Tengo una entrevista en un episodio completo con Anas, el presentador, y quizá acabe siendo el episodio favorito de alguien, quizá acabe conectando a dos personas desconocidas como otros episodios nos unieron a Reem y a mí. No voy a mentir, me hace ilusión.

Pero ojalá mi aparición en el pódcast hubiera sido en otras circunstancias. Ojalá estuviera en Gaza, viéndolo con mis amistades y mi familia.

Es hora de sacarme esto de dentro y escribirlo. Es posible que suene egoísta, pero estoy harta de ver las noticias. Últimamente casi no las he seguido. Lo único que me importa es saber de mis primos y mis amistades. Les escribo a diario para asegurarme de que siguen vivos. Por ahora es toda la información que necesito.

Ya no tengo ni ganas de escribir. Voy a ir a tumbarme, mirar el móvil y no hacer absolutamente nada productivo. Adiós.

Yara y yo hemos quedado hoy otra vez. Desde fuera, parecemos dos chicas normales que se han arreglado para hacer turismo por la ciudad. Pero, por dentro, solo estamos intentando ser capaces de sentir algo, y nos pasamos todo el tiempo que estamos juntas hablando del Genocidio.

Yara me cuenta que, mientras estaba desplazada de su casa y alojada en una iglesia, las FOI bombardearon parte del edificio. Dice que desde entonces duerme con las lentillas puestas: «¿Y si vuelven a bombardear el edificio y me quedo atrapada bajo los escombros y no veo nada?». No tengo mucho que decir. La escucho solamente. Pero la historia resuena en mi cabeza desde entonces. Es una de mis mejores amigas.

En el tren de vuelta a casa veo a una señora con una maleta y lo primero que me viene a la cabeza es el desplazamiento, en Gaza todo el mundo lleva su vida metida en una maleta. ¿Qué habrá en la maleta de esta señora? ¿Documentos importantes? ¿Algo de ropa? ¿Con suerte algún recuerdo importante?

Entonces suena el aviso: «Próxima parada: Malvern». Y vuelvo al presente.

Ahora estoy en Australia. Supongo que aquí una maleta es solo una maleta.

Hoy vuelvo a tomar el tren. Debería hacerlo más a menudo, porque estar rodeada de gente me resulta muy inspirador. En la parada de la Estación Central de Melbourne se bajan casi la mitad de los pasajeros del vagón y empiezo a imaginarme los planes que quizá tengan para el día. Dos chicas que iban sentadas juntas: son mejores amigas y van a tomar algo. El hombre mayor que estaba sentado a mi lado leyendo el periódico: va a buscar a un viejo amigo con el que ha quedado en una cafetería.

Es curioso pensar que hace solo un par de meses estaba haciendo esto mismo en Gaza. Miraba a la gente a los ojos, e intentaba interpretar su estado de ánimo. Y las historias que imaginaba sobre ellos siempre tenían que ver con si sobrevivirían hasta el día siguiente. Me preguntaba quién, frente a mí, estaba viviendo el último día de su vida.

En Australia es distinto.

Pero ya basta. Ha llegado Yara, hemos quedado en Brunetti. Hasta luego.

## MAYO DE 2024

Te he dicho a veces que cada vez que llega un nuevo mes me da esperanza. Pero hoy lo que me alegra no es que empiece mayo sino los estudiantes universitarios de todo el mundo. Los de Estados Unidos en particular. Tengo la esperanza de que estén cambiando los estándares para nosotros, los palestinos.

Verás, los palestinos tenemos generalmente unas expectativas sobre el mundo más bien bajas, y agradecemos cosas que son el mínimo. Esto me da rabia. Pero hoy, ver a los estudiantes de todo el mundo protestando, alzando la voz y acampando en sus campus, me parece revolucionario. Supera todo lo que alguna vez me atreví a imaginar.

Hay algo que es clave: estos estudiantes no están pidiendo solo un alto el fuego. Están exigiendo el reconocimiento del derecho al retorno y una Palestina libre desde el río Jordán hasta el mar Mediterráneo. Están pidiendo un boicot comercial y académico a Israel. Esto es histórico.

En el plano personal, estas últimas dos semanas he estado casi sin energía para nada. Y estoy cansada de entrevistas. Pero por muy saturada o agotada que esté, jamás me negaré a hablar con los estudiantes ni a darles todo el apoyo que pueda. Las interacciones con ellos, comprobar que el contenido que publico conecta muchísimo con niños y adolescentes es enormemente gratificante. Cuando era pequeña, no recuerdo haber visto en la televisión a periodistas de mi edad, solía sentir que tanto las noticias como quienes las daban eran algo ajeno. El hecho de que esta generación pueda enterarse de lo que está pasando en Palestina a través de lo que les cuenta alguien de su edad, alguien con quien pueden identificarse, ahora me llena de alegría.

Pero no se trata solo de informar. Se trata de ser una fuente de información y también un poco un *role model* para la gente joven. Que vean que alguien que es igual que ellos puede ser una voz de su comunidad, puede alzar la voz y plantear temas importantes. Y esa conexión no les sirve solo para aprender cosas, también los empodera para que crean en su propia capacidad para cambiar las cosas. Saber que puedo contribuir a formar una generación más consciente y comprometida hace que todo este esfuerzo merezca la pena.

Cada vez que interactúo con estas jóvenes mentes se refuerza mi compromiso con mi labor. Me sirve como recordatorio sobre por qué empecé a hacer lo que hago y por qué debo seguir haciéndolo, a pesar de las dificultades. La energía y la esperanza que veo en sus ojos me brindan fuerza y motivación para seguir adelante. Ser palestina es un trabajo a tiempo completo, pero mi oficio es, para mí, mucho más que un simple trabajo. Es una misión para inspirar y educar a la próxima generación de activistas, a las personas que van a traer el cambio.

Hoy estoy aburrida, así que le propongo a mamá que salgamos a dar una vuelta. Acepta, llamo a Yara y, en menos de siete minutos, organizamos un plan para ir a la ciudad con nuestras madres. ¡Pura eficiencia!

Quedamos y llevamos a nuestras madres a la Biblioteca Estatal para que vean el edificio, luego vamos a comer algo y a tomar un café (en Brunetti, por supuesto). Es como un *flashback*, la última vez que salimos las cuatro juntas, nosotras estábamos en sexto grado. Aquella vez fue en un restaurante llamado Lighthouse Gaza. Yara y yo nos habíamos peleado por alguna tontería en la escuela y nuestras madres nos juntaron para que nos hiciéramos amigas, hoy estamos aquí haciendo lo mismo por ellas. La vida tiene cosas interesantes e impredecibles.

Mientras yo disfruto de la comida con mi amiga y su madre, en Gaza el Genocidio no hace más que empeorar. Y a estas alturas siento que la palabra «genocidio» se queda corta. El número de muertos sigue creciendo a un ritmo que no creerías posible. Pero ahora mismo no tengo energía ni capacidad para asimilar las noticias, así que hoy no las veo. Me limito a comprobar si mis familiares y amistades de Gaza siguen vivos. De momento, lo están.

Estoy descorazonada. Hablo con *khalo* Khaled sobre lo desagradable que es vivir en un mundo en el que te tratan como un objeto y en el que se te acerca gente que solo quiere instrumentalizar tu trauma para sus propios objetivos de marketing.

El mes pasado, una organización extranjera me concedió un premio. Desde el primer momento dejé claro a los organizadores que no podría viajar para ir a recogerlo, porque estoy en proceso de renovar mi pasaporte y tengo un visado válido para una única entrada a Australia. (Además, por si esto no bastara, el país donde tiene su sede esta organización no concede visados a palestinos de Gaza). En respuesta me dijeron que tenían que restringir los galardones a las personas que «quieran» asistir en persona a la ceremonia de entrega. Curiosamente, siguieron insistiendo en que querían dar reconocimiento a mi contribución y mi liderazgo. Lo importante de esta historia no es el premio, sino que, cuando llevamos meses de Genocidio, la gente pueda querer instrumentalizar el trauma de los demás para promocionarse, y el hecho de que pueda tener la falta de vergüenza de usarte solo cuando les conviene.

Me generan mucho rechazo las personas y las organizaciones que ponen sus valores a la venta. El Genocidio ha sido una experiencia brutalmente reveladora. La versión de mí que soy hoy —la Plestia del Genocidio— está recibiendo ofertas y teniendo oportunidades que la versión de antes del Genocidio no podría ni imaginar. Pero ya no las considero igual que antes.

Debo tener cuidado, porque solo quiero trabajar con gente u organizaciones que me llamen por quien soy de verdad y por lo que hago, no por los seguidores que tengo.

*Khalo* Khaled da siempre los mejores consejos. Lo quiero muchísimo y es una de las primeras personas a las que voy a contarle las cosas. Me dice que el verdadero placer de la vida está en el camino y no en la llegada, y estoy completamente de acuerdo con él. Pero también me recuerda una frase de Jim Carrey: «Creo que todo el mundo debería hacerse rico y famoso, y lograr todo aquello que siempre quiso, así se darían cuenta de que eso no arregla nada». Si hubiera escuchado esta frase antes de ser famosa yo misma, me habría partido de risa y habría pensado con desdén que es una de esas tonterías que dicen los ricos. Pero ahora veo la verdad que encierra, y pienso lo mismo: la fama no arregla nada.

No voy a negar que mi visibilidad me ha abierto las puertas de un sinfín de oportunidades que jamás habría tenido si no fuera tan conocida. Pero ¿de qué sirve todo eso si, al final, ni eres feliz ni estás en paz?

Estaba mirando Instagram hace un rato. Mi muro suele estar lleno de fotos y vídeos de cadáveres, el eterno desplazamiento, llamadas a la esperanza… Pero de pronto apareció la foto de una persona a la que sigo que estaba tomándose, sin más, un café en una cafetería. Me llamó la atención y me hizo pararme a mirarla. Y de pronto me di cuenta de lo insensible que me he vuelto a las imágenes de destrucción y muerte. Lo que me llama la atención ahora es una escena de la vida normal.

El mundo en el que vivimos es triste. Y esto es todo por hoy. Me acuesto en mi cama, a contarle mis pensamientos al techo mientras cojo el sueño.

No siento más que un enorme vacío. No recuerdo la última vez que me sentí tan vacía. Es como si estuviera caminando sobre las cenizas de la persona que era antes. Cuando me preguntan algo sobre mí, no sé qué responder. Ya no me conozco.

Respondo con viejas afirmaciones que ya no son ciertas. Sigo diciendo que mi color favorito es el amarillo, pero ¿es así? Antes era el amarillo. Tenía un montón de camisas y zapatos amarillos, pero ahora no tengo ni uno. No hay prendas amarillas en mi armario. El amarillo es un color alegre, y mi estado mental no es precisamente alegre, no puedo mentirme e ir vestida de amarillo.

Si me preguntan cuál es mi película favorita, digo que *Las ventajas de ser un marginado*. Pero eso era hace siglos. La última vez que la vi tenía diecisiete años y no había vivido un Genocidio. Ahora tengo veintidós, y no creo que me gustaría si la volviera a ver.

Antes me encantaba leer y escribir. Ahora no puedo concentrarme en la lectura. Empecé a leer el libro de Ghassan Kanafani, pero me sentía tan identificada que me deprimía todavía más, así que lo dejé. Luego busqué en Google «novelas interesantes», pero en cuanto me ponía a leer alguna, me parecía ajenísima y me sentía culpable por estar leyendo una historia a años luz de lo que está ocurriendo en casa. Como si los otros mundos que hay por ahí fuera pudieran seguir existiendo mientras el mío se desmorona.

¿Quién soy yo? Más allá de una periodista palestina desplazada, de la que el mundo espera que se comporte como una víctima perfecta, ¿quién soy de verdad? Deseo mirarme al espejo y reconocer a la persona que me devuelve la mirada. No quiero sentirme como un cuerpo sin alma.

Tal vez mañana lo consiga.

*I've often asked myself,*
*If you went back to 6 October, how would you spend your time?*
*I wish I had hung out with Shima, just for an hour,*
*Chatting about life, and the books she's been reading.*
*A car ride with Haya, saying goodbye to the streets,*
*To the buildings, the places, all etched in my heart.*
*Then lunch at Bellini, seeing Ali's warm smile,*
*Greeting each customer, his joy in the air.*
*For the rest of the day? Sitting on the peach couch at home,*
*Watching TV with Dana, feeling the innocence of comfort and peace.*
*These moments I cherish are now dreams of the past.*
*If only I'd known, I'd have held them so tight.*
*In my heart, they remain, a bittersweet memory,*
*Of a day I'd relive, if I only had the chance.**

Me parece increíble pensar en cuántas «últimas veces» viví en Gaza sin saberlo. Hubo una última vez que caminé por sus calles. Hubo una última vez que trabajé en Press House-Pa-

* A menudo me he preguntado: / Si pudieras volver al 6 de octubre, ¿cómo pasarías el tiempo? / Ojalá hubiera estado un rato con Shima, una hora solo, / Charlando sobre la vida y los libros que estaba leyendo. / Una vuelta en coche con Haya, despidiéndonos de las calles, / De los edificios, de los lugares, que llevo grabados en el corazón. / Después, comer en Bellini, con la sonrisa cálida de Ali, / Saludando a cada cliente, su alegría flotando en el aire. / ¿Y el resto del día? Sentada en el sofá color melocotón de casa, / Viendo la tele con Dana, sintiendo esa inocencia hecha de paz y confort. / Estos momentos que tanto atesoro son ahora sueños del pasado. / Si lo hubiera sabido, los habría abrazado con todas mis fuerzas. / Permanecen en mi corazón, como el recuerdo agridulce / De un día que volvería a vivir si tan solo pudiera.

lestine. Una última vez que salí con Dana un jueves. Una última vez que me bañé en el mar de Gaza, una última vez que dormí cómodamente en mi propia habitación, una última vez frente a mi armario quejándome de no tener nada que ponerme. Y hubo una última vez que fui la versión de mí que conocía.

Ha habido momentos en los que me he sentido obligada a mostrarme agradecida por haber sobrevivido, por haber salido de allí con vida, cuando en realidad no sentía gratitud alguna en absoluto. He experimentado lo que es ser una palestina de Gaza a ojos del mundo: deshumanizada hasta tal punto que tendrías que dar gracias solo por estar viva, porque no has acabado muerta como los demás.

No niego que haya cosas por las que estoy agradecida. No quería perder parte alguna de mi cuerpo. Estoy físicamente bien. Pero ¿me siento agradecida por haber podido salir de Gaza mientras los demás se quedan allí sufriendo el Genocidio Israelí? ¿Estoy agradecida por que mi oportunidad de mostrarle al mundo mi hogar a través de mis propios ojos fuera a costa de que mi familia viviera constantemente temiendo por mi vida? ¿Estoy agradecida por que algunas personas sobrevivan y otras no, por que se esté produciendo una matanza completamente indiscriminada y aleatoria? No, no lo estoy, en absoluto. Y está bien. Algo que he aprendido es que no hay que sentirse agradecida por todo. Esa es mi experiencia.

Lo que más me aterra es despertarme sin ninguna emoción. Desde hace un tiempo, no siento nada. No estoy triste. No estoy contenta. Ni siquiera me siento insensible. Simplemente… me despierto y existo.

Hoy al despertar me sentía de muy mal humor y, por eso, sí estoy agradecida.

Hoy es 15 de mayo de 2024 y se conmemora el 76 aniversario de la Nakba de 1948, aunque creo que debemos decir que aún prosigue. Nunca terminó realmente. Mis abuelos me contaron historias de la Nakba del 48, y yo algún día le contaré a mis nietos historias sobre una Nakba continua en 2023 y 2024. Espero que el ciclo se detenga conmigo y que mis nietos puedan contarle al mundo la historia de una Palestina Libre.

Hoy es el cumpleaños de los hermanos El-Kurd. Mohammed y Muna son dos activistas palestinos conocidos por el movimiento Salvemos Sheij Yarrah. Sé que hoy es su cumpleaños porque cae el Día de la Nakba. De igual manera, me sé el año del nacimiento de Samah Sabawi porque coincide con la Naksa, en la que miles de palestinos fueron también desplazados forzosamente de sus hogares en 1967. Ojalá los cumpleaños palestinos no estuvieran vinculados a tragedias, pero lo están. ¿Te acuerdas de que mi cumpleaños es el Día de los Derechos Humanos? Parece un chiste, lo sé. Puedes reírte.

Ojalá un día haya un niño que sienta una alegría inmensa porque su cumpleaños coincide con el aniversario de una Palestina Libre. Es la única visión que me mantiene el espíritu medianamente vivo.

La ironía me persigue. Cuando informaba desde Gaza, había muchas restricciones con respecto a lo que podía publicar. Elegía mis palabras y mis posts con mucho cuidado, por temor a que cualquier cosa pudiera provocar que Israel nos pusiera en su punto de mira, a mí o a mi familia. Ingenuamente creí que una vez fuera de Gaza tendría libertad para publicar o compartir lo que quisiera. No es así.* He aprendido que el lenguaje puede usarse como arma en cualquier lugar. La única diferencia es que, en Gaza, no podemos protegernos de un posible ataque.

Cuando estaba Gaza no llegué a entender del todo la magnitud de lo que estaba viviendo porque todos vivíamos la misma tragedia. Ahora, desde Australia, a miles de kilómetros de casa, todo es distinto. Pero no dejo de despertarme cada día sin entender cómo he terminado aquí y me pregunto: ¿esta es mi vida ahora? Un día estaba a salvo en casa y, al siguiente, desplazada al Hospital al-Quds, y luego a casa de Amal, y luego a la de Rasha, y luego a la de mis tíos en Khan Younis, y ahora a otro continente, ya ni siquiera en Gaza. Mi cerebro aún no lo asimila.

¿Y ahora qué? ¿Cómo se supone que debo procesar todo lo que he presenciado? ¿Cómo voy a creer en los derechos humanos? ¿Cómo voy a volver a vivir y amar la vida, después de haber visto tan claramente la verdadera naturaleza del mundo en el que vivimos? Hay demasiadas preguntas dando vueltas en mi cabeza y no sé cómo voy a responderlas.

Durante mucho tiempo he sentido la culpa de superviviente. Pero ahora entiendo que yo no soy más que una pequeña pieza del engranaje. Todos somos marionetas en las mismas manos. La cruda verdad es que no podemos cambiar el mundo, al menos no como acción principal: lo que sí podemos hacer es no dejar que el mundo nos cambie el corazón y encontrar ahí la esperanza.

Lo único que ahora mismo hace que no me vuelva loca es ver que el mundo por fin empieza a despertar, a reconocer nuestra humanidad, nuestro amor y nuestra fe inquebrantable. Doy gracias por haber vivido para ver el día en el que por fin

* Este libro lo han leído equipos enteros de abogados en múltiples países.

puedo decir con orgullo que soy de Palestina y la gente no solo lo reconoce, sino que entiende todo lo que significa. El mundo ha sido testigo de la increíble fuerza de nuestro pueblo y la inagotable profundidad de nuestra esperanza.

Golda Meir, que fue primera ministra de Israel, justificó en una ocasión ante sus ciudadanos las atrocidades cometidas por su país asegurándoles que los ancianos morirían y los jóvenes olvidarían. No ha sido así. Mi generación le ha demostrado al mundo que, aunque los viejos mueran, los jóvenes no olvidarán, nuestra memoria y nuestros sueños colectivos no se desvanecerán.

Cada noche, entre el caos y la desesperación, me aferro a la convicción de que Palestina será libre algún día. Y ese día los cumpleaños no solo celebrarán la vida, sino también la libertad que con tan dura lucha conseguimos.

Conozco la Gaza de antes del 7 de octubre de 2023. He conocido Gaza durante el Genocidio. La Gaza del mañana aún está por conocerse.

Conocí mi versión antes del 7 de octubre de 2023, y me conocí durante el Genocidio. Pero aún no he conocido a la Plestia que sobrevivió.

Solo una cosa tengo por seguro: no importa dónde me lleve la vida, y pase lo que pase con mi querida Gaza, siempre seremos parte la una de la otra.

# Alto el fuego

Las guerras no terminan cuando dejan de caer bombas.

## DOMINGO 19 DE ENERO

¿Es posible desvivir todo lo vivido? ¿Es posible desoír todo lo que has oído? ¿Es posible desver todo lo que has presenciado?

Estoy emocionalmente desbordada. No creo que las palabras alcancen a describir cómo se siente una persona después de más de catorce meses de Genocidio.

Lo primero que hice al enterarme del alto el fuego fue llamar a Dana. En cuanto escuché su voz, rompí a llorar. Me permití llorar todas las lágrimas que llevaba un año y medio guardando. Mi mayor miedo era que Dana muriera. Esta noche, por primera vez, puedo irme a dormir sabiendo que Dana, y todos mis seres queridos de Gaza, seguirán vivos mañana.

Pero no puedo evitar preguntarme: ¿por qué los palestinos hemos de ser siempre la excepción a todo? ¿Por qué hemos de quedar al margen del reconocimiento mundial de nuestro sufrimiento y del derecho a la alegría? Ser feliz porque una guerra llega a su fin, sentir gratitud cuando un rehén palestino es liberado y alegría porque vuelve el servicio eléctrico brevemente… son sentimientos que solo los palestinos parecen comprender. Momentos que ponen de relieve la cruda realidad de que hasta la experiencia emocional, las reacciones humanas naturales, son un privilegio del que no todos disfrutan.

Pienso en los huérfanos. Pienso en quienes han perdido a sus seres queridos. Pienso en todos los palestinos. ¿Acaso las guerras terminan alguna vez para ellos? Quizá un alto el fuego haga que cesen los misiles, pero no el trauma.

Este alto el fuego no es un final, es apenas una pausa. Las guerras no terminan cuando dejan de caer bombas. Perduran en la mente de quienes las sobreviven y en la ausencia de quienes no lo hacen. Para los palestinos, la guerra nunca acaba, el alto el fuego es tan solo el espacio entre una tragedia y otra. Y en ese espacio llevamos con nosotros el peso insoportable de una memoria que no puede deshacerse.

## ¿Qué es el hogar?

*What is Home?*
*Growing up I thought,*
*Home is a four-walled house,*
*Where my mom bakes my favourite cake,*
*My dad works on the balcony,*
*My brother watches TV on the couch,*
*And my sister annoys my brother,*

*But the four-walled house was bombed.*
*Do homes get bombed? No.*

*Maybe home is the people I love.*
*But the people I love were killed.*
*Do homes get killed? No.*

*Then home is surely Gaza.*
*The place where I was born,*
*The place where I experienced all my firsts.*
*But Gaza was erased.*
*Do homes get erased? No.*

*If houses were bombed,*
*People were killed,*
*And Gaza was erased,*
*Then please tell me*
*What is home?*
*Where can I find it?*

*Home is the sea,*
*Vast and enduring,*
*Its waves carefree.*

*No bomb can shatter it,*
*No force can kill it,*
*No erasure can diminish it.*

*Home is the sea,*
*And no one can change that.*

*The story doesn't end here.*
*The story is yet to start.*
*May we live to narrate it.*

*Through all this*
*The question remains*
*How do you get over a Genocide?* *

* ¿Qué es el hogar? / De niña pensaba: / El hogar es una casa con cuatro paredes, / Donde mamá hornea mi pastel favorito, / Papá trabaja en el balcón, / Mi hermano ve la tele en el sofá, / Y mi hermana chincha a mi hermano. // Pero la casa de cuatro paredes fue bombardeada. / ¿Acaso un hogar puede ser bombardeado? No. // Quizá el hogar sea la gente que quiero. /

Pero a la gente que quiero la mataron. / ¿Se puede matar un hogar? No. // Entonces, sin duda, mi hogar es Gaza. / El lugar donde nací, / El lugar donde viví todas mis primeras veces. / Pero Gaza fue borrada. / ¿Se puede borrar un hogar? No. // Si las casas fueron bombardeadas / Y mataron a la gente / Y Gaza fue borrada, / Entonces decidme, por favor, / ¿Qué es el hogar? / ¿Dónde puedo encontrarlo? // Mi hogar es el mar, / Vasto y perdurable, / Con sus olas despreocupadas. // Ninguna bomba puede derrumbarlo, / Ninguna fuerza puede matarlo, / Ningún borrado puede reducirlo. // Mi hogar es el mar, / Y eso nadie puede cambiarlo. // La historia no acaba aquí. / La historia aún no ha empezado. / Ojalá vivamos para contarla. // A través de todo esto, / una pregunta permanece: / ¿Cómo se supera un genocidio?

# Fin

¿Cómo se supera un genocidio?

# Agradecimientos

Siempre, y en primer lugar, doy gracias a Dios. Salir de todo esto con vida es un milagro que a veces subestimo.

Mi primer día en la universidad me equivoqué de clase y el profesor nos dio un consejo que se me ha quedado grabado: ten cuidado con quién trabas amistad, porque acabarás siendo igual que la gente de la que te rodeas. Desde entonces siempre he sido muy selectiva con la gente con la que paso el tiempo.

Dicho esto, quiero dar las gracias a todas las personas con las que me he cruzado en mi camino: sois parte de quien hoy soy.

A la gente que conocí en Gaza, que eran completos extraños y se convirtieron en mi familia: gracias por confiarme vuestras historias. Y a mi familia virtual, que esperaba en internet que publicara cada entrada de mi diario para cerciorarse de que seguía viva: gracias por verme realmente como soy y no solo como un número, una estadística o un titular.

A mi agente literaria, Kemi, que ha representado a *Los ojos de Gaza* inmejorablemente: gracias por hacer que en la experiencia de publicar mi primer libro fuera todo tan fácil. A mi editora, Ause Abdelhaq, que ha tenido que aguantar mi cabezonería (ja, ja, ja, te debo una). Y a todas las personas por cuyas manos ha pasado este libro —correctores, diseñadores, abogados y *fact-checkers*—, gracias por ayudarme a darle vida.

A Rupi Kaur: gracias por tu constante guía. Eres como la hermana mayor que nunca tuve. A la hermana que sí tengo, Judy, quien me dejó su teléfono para trabajar e informar aunque fuera lo último que quería hacer: sin ti, habría sido una persona hastiada y hastiante, atrapada en un rincón de una tienda de campaña sin forma de compartir mis pensamientos con el mundo. Y a mi otra hermana, Yara Tarazi, que escuchó todas mis historias traumáticas: sin darnos cuenta, juntas nos sanamos un poco la una a la otra.

A la tía Samah Sabawi, Amo Amin Abbas y Amo Maher Mughrabi: gracias por ser los primeros en leer el manuscrito y devolverme vuestros comentarios. Vuestra sabiduría, consejos y apoyo han sido fundamentales.

A *khalo* Tareq, que nos salvó a mi familia y a mí: al principio me irritaste porque no quería que me salvaran, pero ahora te doy todo mi agradecimiento.

A *khalo* Khaled: gracias por ser el mejor tío y mentor. Tu infinita paciencia, guía y consejos me han convertido en una mejor versión de mí misma.

A papá: gracias por darme el espacio para ser la persona que soy hoy. A mi hermano: gracias por ser el hermano tranquilo, para que yo pueda ser la hermana salvaje. A toda mi familia: no podría tener nada sin vosotros. Y a mis amigas y amigos: gracias por amar y aceptar a Plestia en todas sus versiones.

Por último, pero no menos importante, a mamá y a *teta* Fatma, mi segunda madre. Este libro no habría sido posible sin vosotras. No hay agradecimiento que pueda bastar.

Y a todas las generaciones venideras: deseo que lean este libro en una Palestina libre.

Querida lectora, querido lector:

Gracias por haber llegado hasta el final de este libro. Compartir algunas páginas de mi diario ha sido como desnudar mi alma: una experiencia en crudo que me ha hecho sentir expuesta y vulnerable. Lo que me ha dado el valor para hacerlo ha sido saber que ahí fuera hay gente como tú: personas que de verdad se implican, que se solidarizan con Palestina y que me recuerdan que nuestras historias importan.

Ojalá este libro te haya hecho sentir algo —ya sea ira, tristeza, esperanza o una mezcla de todo—, porque sentir es estar viva. Y mientras vivamos, podemos luchar. Podemos luchar por un mundo en el que ningún niño tenga que criarse escuchando el zumbido de los drones en vez de nanas, en el que ninguna familia viva con miedo a verse separada por fuerzas más allá de su control y en el que nadie se vaya a dormir con el temor a perder su cuerpo, su casa o sus sueños.

Todas las personas somos historias. En Gaza cada persona es una historia. Y tú también tienes una. Haz que sea una historia que merezca la pena vivir, una historia que merezca ser recordada. Emplea tu historia para construir un mundo mejor, más amable y más justo.

Gracias por escuchar la mía.
Con inquebrantable esperanza,

Plestia Alaqad